高等学校经济管理类核心课程教材

# 经济法

—— 第九版 ——

## 学习指导书

主　编　赵　威

副主编　曹丽萍　董昭瑜

　　　　赵　冰

中国人民大学出版社

·北京·

# 出版说明

改革开放以来，中国的经济走上了高速发展的通道，获得了前所未有的发展。顺应这一形势，我国大部分高校也开始重视经济管理类人才的培养，开设了经济管理类专业。但是，与西方发达国家相比，我们的现代经济管理理论与实践落后几十年甚至上百年，最初很多理论和实践都是从西方直接"拿来"的。但是，西方的经济管理著作毕竟是站在西方的国情和经济基础上进行研究的，对于中国的很多现实问题很不适用，因此，要真正培养中国自己的经济管理类人才，必须有一套适合中国学生阅读和学习的教材。

基于以上认识，中国人民大学出版社按照教育部规定的经济管理类核心课程，组织编写了这套教材，供经济管理类学生用于专业基础课程的学习。本套教材在组织编写上遵循了以下原则：

第一，教材实行本土化。我国与发达国家相比，国情不同，文化背景不同，思维方式不同，语言的表述方式也不同，因此，要真正培养中国的经济管理类人才，教材还是本土化为宜。因此，本套教材在吸收西方经济管理理论精髓的基础上，充分结合中国的国情和实践，把中国的背景知识与国际合理接轨。

第二，精选作者，保证教材质量。本套教材的作者均为各自领域的权威或佼佼者，并且都在教学一线工作多年，有丰富的教学经验。而且，作者能够不断结合当前教学的需要和现实环境的变化，及时进行修订，推陈出新，始终保持教材的"精"与"新"。

第三，配套资源丰富，方便读者学习。本套教材大部分都配备了内容丰富的学习指导书，并且免费为一线教学提供网络教学资源，力求为使用本套教材的教师和学生提供周到的服务。

我们秉承中国人民大学出版社"出教材学术精品，育人文社科英才"的宗旨，紧跟时代脉搏，不断推出精品，提升教材的质量，为中国经济管理教育和实践水平的提升作出贡献。我们希望广大读者的建议和鞭策，能够促使我们不断对本套丛书进行改进和完善，以更好地服务读者。

中国人民大学出版社

1

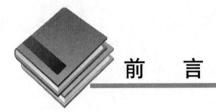

# 前　言

　　本书是配合赵威主编的《经济法》（第九版）教材使用的辅导用书，按照教材各章的内容顺序编写。本书既可以帮助读者在学习教材各章知识的同时及时回顾各章的重要概念、基本原则等经济法基础知识，又可以通过简单的练习，加深读者对教材中内容的理解，实现学以致用。本书的章目设置与教材除第一章外的各章一一对应，每章都设有教学大纲、重要概念、重点回顾、练习题和答案。

　　本书连同教材，主要面向全国高等院校经济类、管理类读者，注重基本知识、基本观点、基本技能的传授和训练。经济法本身内容庞杂，而本书又是在教材的基础之上加以浓缩和提炼的，因此不可能面面俱到。本书的主要目的在于指明重点、厘清思路，并帮助读者进行自我检验。相信利用本书辅助学习，读者可以更好地掌握教材内容，顺利完成经济法的学习。

# 目 录

第一章

# 企业法

## 教学大纲

通过本章的学习，初步了解什么是企业，明确各种类型企业的概念，并了解相关重点法律规范。重点掌握合伙企业的相关内容，包括合伙企业的概念、类型、法律特征、经营管理、财产和财产份额以及入伙和退伙的相关法律规定。

## 重要概念

(1) 企业
(2) 外商投资准入制度
(3) 个人独资企业
(4) 合伙企业
(5) 普通合伙企业
(6) 有限合伙企业
(7) 合伙企业的财产

## 重点回顾

企业是按照一定的生产和经营方式结合起来的经营者、劳动者和生产资料的集合，是从事商品生产、销售、运输或提供劳务、服务，具有一定法律主体资格的经济组织，企业一般具有营利性。

### 一、外商投资准入制度

根据《中华人民共和国外商投资法》（以下简称《外商投资法》）的规定，对于外商投资企业的准入适用"准入前国民待遇"原则加"负面清单"制度。准入前国民待遇，是指在投资准入阶段给予外国投资者及其投资不低于本国投资者及其投资的待遇。负面清单，是指国家规定在特定领域对外商投资实施的准入特别管理措施。国家对负面清单之外的外商投资给予国民待遇。对负面清单之内的禁止投资领域，境外投资者不得实施投资，对负面清单之内的限制投资领域，境外投资者必须进行外资准入许可申请。

## 二、个人独资企业

个人独资企业是指依照《中华人民共和国个人独资企业法》（以下简称《个人独资企业法》）在中国境内设立，由一个自然人投资，财产为投资人个人所有，投资人以其个人财产或家庭财产对企业债务承担无限责任的经营实体。

## 三、合伙企业

### 1. 概念及类型

合伙企业是指自然人、法人和其他组织依照《中华人民共和国合伙企业法》（以下简称《合伙企业法》）在中国境内设立的普通合伙企业和有限合伙企业。

普通合伙企业由普通合伙人组成，合伙人对合伙企业债务承担无限连带责任。有限合伙企业由普通合伙人和有限合伙人组成，普通合伙人对合伙企业债务承担无限连带责任，有限合伙人以其认缴的出资额为限对合伙企业债务承担责任。

根据《合伙企业法》的规定，合伙企业的特征包括四个方面：（1）由两个以上投资人共同投资兴办；（2）合伙人依合伙协议确定各方出资、利润分享和亏损分担等；（3）普通合伙人对合伙债务承担无限连带责任，有限合伙人对合伙债务承担有限责任；（4）合伙企业属于人合型企业。

### 2. 设立与经营

申请设立合伙企业，必须满足五项条件：（1）有两个以上合伙人，合伙人为自然人的，应当具备完全民事行为能力，但法律另有规定的除外，且有限合伙企业应当有 2 个以上 50 个以下合伙人；（2）有书面合伙协议；（3）有各合伙人认缴或者实际缴付的出资；（4）有合伙企业的名称和生产经营场所；（5）法律、法规规定的其他条件。

合伙企业既可以由全体合伙人共同执行合伙企业事务，又可以委托一个或数个合伙人对外执行合伙企业事务，其他合伙人享有监督权。合伙企业对合伙人权利的限制不得对抗善意第三人。

● 竞业禁止与自我交易禁止

普通合伙人不得自营或者同他人合作经营与本合伙企业竞争的业务（绝对的竞业禁止）。除合伙协议另有约定或经全体合伙人一致同意外，普通合伙人不得同本合伙企业进行交易（相对的自我交易禁止）。

除合伙协议另有约定外，有限合伙人可以自营或者同他人合作经营与本有限合伙企业竞争的业务（相对的竞业自由）。除合伙协议另有约定外，有限合伙人可以同本有限合伙企业进行交易（相对的自我交易自由）。

### 3. 合伙企业的财产

合伙企业的财产包括合伙人的出资、以合伙企业的名义取得的收益和依法取得的其他财产。除法律另有规定外，合伙企业进行清算前，合伙人不得请求分割合伙企业的财产。

合伙企业的财产是合伙企业对外承担债务的基础。合伙企业首先以合伙企业自身财产偿还企业债务，在合伙企业的财产不足以偿还合伙企业债务的情况下，普通合伙人以其个人财产对合伙企业债务承担无限连带责任，有限合伙人以其认缴的出资额为限对合伙企业债务承担责任。

● 财产份额的对外转让

合伙人向外转让份额，除非另有协议，否则要经过其他合伙人一致同意，在同等条件下其他合伙人有优先购买权。有限合伙人可以按照合伙协议的约定向合伙人以外的人转让份额，不需要其他合伙人的同意，但应当提前30日通知其他合伙人。

● 财产份额的内部转让

合伙人之间转让合伙企业财产份额不需要全体合伙人一致同意，但应通知其他合伙人。

**4. 入伙与退伙**

入伙是指合伙关系存续期间，现有合伙人以外的人加入而成为新的合伙人。新合伙人入伙时，应当经全体合伙人同意。

退伙分为法定退伙、约定退伙和除名退伙。其他合伙人应当与退伙人按照退伙时合伙企业的财产状况进行结算，退还退伙人的财产份额。

法定退伙是指法律规定发生退伙的情形，合伙人当然退伙，如普通合伙企业中自然人死亡或者被依法宣告死亡，个人丧失偿债能力，法人被吊销营业执照、责令关闭，有限合伙企业中仅剩有限合伙人等。

约定退伙是指合伙人因合伙协议约定的退伙事由出现、经全体合伙人同意、发生合伙人难以继续参加合伙企业的事由或其他合伙人严重违反合伙协议约定的义务而提出退伙；在合伙协议未规定合伙期限的情况下，约定退伙是指合伙人在不给合伙企业事务的执行造成不利影响的前提下，经提前30日通知其他合伙人而宣布退伙。

除名退伙是指经其他合伙人一致同意，某一或某几个合伙人因未履行出资义务、故意或者重大过失给合伙企业造成损失、执行合伙企业事务时有不正当行为或者有协议约定的其他事由而被除名。

● 注意事项

（1）新入伙人对入伙前合伙企业的债务承担连带责任，合伙人退伙后对基于其退伙前的原因发生的合伙企业的债务承担连带责任。

（2）有限合伙人的自然人在有限合伙企业存续期间丧失民事行为能力的，其他合伙人不得因此要求其退伙。

（3）被除名合伙人有权在接到除名通知后30日内提起异议之诉。

（4）有限合伙企业仅剩有限合伙人的，应当解散；有限合伙企业仅剩普通合伙人的，转为普通合伙企业。

（5）合伙人身份的改变：普通合伙人转变为有限合伙人的，对其作为普通合伙人期间合伙企业发生的债务承担无限连带责任；有限合伙人转变为普通合伙人的，对其作为有限合伙人期间有限合伙企业发生的债务承担无限连带责任。

### 练习题

**1. 名词解释**

（1）准入前国民待遇原则

（2）负面清单制度

（3）个人独资企业

（4）合伙企业

（5）外商投资企业

**2. 单项选择题**

（1）企业是按照一定的生产和经营方式结合起来的经营者、劳动者和生产资料的集合，是从事商品生产、销售、运输或提供劳务、服务，具有一定的法律主体资格的经济组织。企业一般具有（　　）。

    A. 营利性　　　　　　　　　　　B. 组织性

    C. 商业性　　　　　　　　　　　D. 自主性

（2）外商投资企业在中国境内不享有哪种投资保护？（　　）。

    A. 外商投资企业在投资准入阶段享受"国民待遇"

    B. 在负面清单之外的领域，境外投资者必须进行外资准入许可申请

    C. 各地政府应当履行向外国投资者、外商投资企业依法作出的政策承诺及依法订立的各类合同

    D. 国家对外国投资者的投资不实行征收

（3）申请设立个人独资企业需要具备的条件有作为投资人的自然人、企业名称、个人申报的出资，还需要（　　）。

    A. 市场监督管理机构审批文件　　　B. 固定的经营场所

    C. 通过验资机构验资　　　　　　　D. 个人财产证明

（4）个人独资企业的成立日期为（　　）。

    A. 向市场监督管理机构递交申请设立个人独资企业的日期

    B. 申请人自行决定的日期

    C. 营业执照签发的日期

    D. 出资到位的日期

（5）国家对外商投资实行（　　）管理制度。

    A. 准入前国民待遇加正面清单

    B. 准入前国民待遇加负面清单

    C. 准入后国民待遇加正面清单

    D. 准入后国民待遇加负面清单

（6）关于外商投资企业适用法律，下列说法错误的是（　　）。

    A. 外商投资企业的组织形式、组织机构及其活动准则，适用《中华人民共和国公司法》《合伙企业法》等法律的规定

    B.《外商投资法》施行后 5 年内可以继续保留原企业组织形式

    C. "《中华人民共和国中外合资经营企业法》、《中华人民共和国外资企业法》、

《中华人民共和国中外合作经营企业法》同时废止"意味着三部法律立即不能适用

D. 对外商投资企业的准入、促进、保护和管理的相关规定适用《外商投资法》

(7) 下列关于有限合伙人的权利与义务，错误的是（　　）。

A. 有限合伙人不可以自营或者同他人合作经营与本有限合伙企业相竞争的业务

B. 在没有另外约定的情况下，有限合伙人可以同本有限合伙企业进行交易

C. 在没有另外约定的情况下，有限合伙人不得将全部利润分配给部分合伙人

D. 在普通合伙企业中，不得约定全部亏损由部分合伙人承担

(8) 个人独资企业的投资人在申请企业设立登记时明确以其家庭共有财产作为个人出资的，应当依法以（　　）对企业债务承担无限责任。

A. 个人财产　　　　　　　　　　B. 夫妻共同财产

C. 企业财产　　　　　　　　　　D. 家庭共有财产

(9) 个人独资企业解散后，原投资人对个人独资企业存续期间的债务仍应承担偿还责任，但债权人在（　　）年内未向债务人提出偿债请求的，原投资人对债权人的责任消灭。

A. 5　　　　　　　　　　　　　　B. 3

C. 10　　　　　　　　　　　　　　D. 2

(10) 不得成为合伙企业的合伙人的为（　　）。

A. 未成年人　　　　　　　　　　B. 自然人

C. 公司　　　　　　　　　　　　D. 公务员

(11) 合伙企业解散，清算人由全体合伙人担任；未能由全体合伙人担任清算人的，经全体合伙人（　　）同意，可以自合伙企业解散后（　　）日内指定一名或者数名合伙人，或者委托第三人，担任清算人。

A. 2/3；15　　　　　　　　　　B. 过半数；15

C. 过半数；10　　　　　　　　　D. 2/3；10

(12) （　　）可以自营或同他人合作经营与本有限合伙企业相竞争的业务，但合伙协议另有约定的除外。

A. 有限合伙人　　　　　　　　　B. 普通合伙人

C. 国有企业的法人　　　　　　　D. 自然人

**3. 不定项选择题**

(1) 我国企业法的渊源有（　　）。

A. 宪法　　　　　　　　　　　　B. 法律

C. 行政法规和规章　　　　　　　D. 国际条约和惯例

(2) 目前，外商投资企业可以适用（　　）。

A.《中华人民共和国外商投资法》

B.《中华人民共和国公司法》

C.《中华人民共和国合伙企业法》

D.《中华人民共和国中外合资经营企业法》

(3) 关于负面清单制度，正确的有（　　）。

    A. 国家对于负面清单之外的外商投资给予国民待遇

    B. 对负面清单之内的禁止投资领域，境外投资者不得实施投资

    C. 对负面清单之内的限制投资领域，境外投资者必须进行外资准入许可申请

    D. 对负面清单之内的领域，一律必须报有关部门审核

(4) 合伙企业的法律特征有（　　）。

    A. 由两个以上的合伙人共同投资兴办

    B. 合伙人以合伙协议确定各方出资、分享利润和承担债务的份额

    C. 普通合伙人对合伙债务承担无限连带责任，有限合伙人对合伙债务承担有限责任

    D. 合伙企业属人合型企业

(5) 合伙企业的利润和亏损分配、分担的方式为（　　）。

    A. 合伙协议有约定的，从约定

    B. 合伙协议无约定的，由合伙人协商

    C. 合伙人协商不成的，按实缴出资比例

    D. 无法确定出资比例的，合伙人平均分配

(6) 甲、乙、丙、丁欲设立一个有限合伙企业，合伙协议中约定了如下内容。哪些内容符合法律的规定？（　　）。

    A. 甲仅以出资额为限对合伙企业债务承担责任，同时被推举为合伙事务执行人

    B. 乙以其劳务出资，为普通合伙人，其出资份额经各合伙人商定为 5 万元

    C. 经全体合伙人同意，普通合伙人可以全部转为有限合伙人

    D. 合伙企业的利润由甲、乙、丁三人分配

(7) 甲为一有限合伙企业的有限合伙人。下列哪些选项是正确的？（　　）。

    A. 若甲死亡，其继承人可以取得甲在合伙企业中的资格

    B. 若甲被法院认定为无民事行为能力人，则其他合伙人可以因此要求其退伙

    C. 如果合伙协议没有限制，甲可以不经过其他合伙人的同意而将其在合伙企业中的财产份额出质

    D. 若甲转变为普通合伙人，其必须为其作为有限合伙人期间企业发生的债务承担无限连带责任

(8) 甲、乙、丙、丁各出资 10 万元设立一个普通合伙企业，未约定合伙期限。回答以下①～③题。

①合伙企业经营期间，甲与其他三人在经营理念上发生分歧，欲退出合伙企业。以下说法正确的是（　　）。

    A. 甲可将其份额转让给乙，且不告知丙、丁

    B. 甲可经丙、丁同意后，将其份额转让给乙的朋友赵某

    C. 甲可主张发生了难以继续参加合伙企业的事由，向其他人要求立即退伙

    D. 甲可在不给合伙事务造成不利影响的前提下，提前 30 日通知其他合伙人要求退伙

②合伙企业经营一年之后，遇到严重的经营危机，合伙人商议对策。按照《合伙企业法》的规定，以下表决事项有效的是（ ）。

A. 甲主张变更合伙企业名称，乙、丙同意，丁不同意

B. 乙主张停业整顿 1 个月，甲、丁同意，丙不同意

C. 丙主张将自己所有的一辆小货车出售给合伙企业，甲、乙同意，丁不同意

D. 丁提议聘任隋某为合伙企业经营管理人，乙、丙同意，甲不同意

③全体合伙人一致同意聘用王某为合伙企业经营管理人。王某在受聘期间自主决定的如下事项，符合《合伙企业法》规定的是（ ）。

A. 决定扩大合伙企业的经营范围

B. 为取得银行贷款，将合伙企业的不动产进行抵押

C. 聘请某技术工人

D. 开除两名经常违反纪律的职工，并聘用两名新的职工

（9）关于合伙企业的财产，以下说法正确的是（ ）。

　　A. 合伙人的出资　　　　　　　　B. 合伙期间的经营收入

　　C. 合伙人的个人财产　　　　　　D. 合伙期间的房地产增值收益

**4. 问答题**

合伙企业的债务承担与合伙人的债务承担之间有什么关系？

**5. 案例题**

2021 年 1 月，甲、乙、丙共同设立一合伙企业。合伙协议约定：甲以现金人民币 5 万元出资，乙以房屋作价人民币 8 万元出资，丙以劳务作价人民币 4 万元出资；各合伙人按相同比例分配盈利、分担亏损。合伙企业成立后，为扩大经营，于 2021 年 6 月向银行贷款人民币 5 万元，期限为 1 年。2021 年 8 月，甲提出退伙，鉴于当时合伙企业盈利，乙、丙表示同意。同月，甲办理了退伙结算手续。2021 年 9 月，丁入伙。丁入伙后因经营环境恶化，企业严重亏损。2023 年 5 月，乙、丙、丁决定解散合伙企业，并对合伙企业现有财产价值人民币 3 万元予以分配，但未对未到期的银行贷款予以清偿。2023 年 6 月，银行贷款到期后，银行找合伙企业清偿债务，发现该企业已经解散，遂向甲要求偿还全部贷款，甲称自己早已退伙，不负责清偿债务。银行向丁要求偿还全部贷款，丁称该笔贷款是在自己入伙前发生的，不负责清偿。银行向乙要求偿还全部贷款，乙表示只按照合伙协议约定的比例清偿相应数额。银行向丙要求偿还全部贷款，丙则表示自己是以劳务出资的，不承担偿还贷款义务。

问题：

（1）甲、乙、丙、丁各自的主张能否成立？请说明理由。

（2）合伙企业所欠银行贷款应如何清偿？

（3）在银行贷款被清偿后，甲、乙、丙、丁内部之间应如何分担清偿责任？

第二章

# 公司法

## 教学大纲

通过本章的学习，明确公司的概念和特征，了解公司的产生和发展历程，能够依据不同的标准对公司进行分类，特别需要掌握母公司和总公司、子公司和分公司的区别。了解《中华人民共和国公司法》（以下简称《公司法》）的基本制度，尤其是有限责任公司和股份有限公司的相关制度，包括设立的条件与程序、公司的资本与股东、组织机构等。

## 重要概念

（1）公司
（2）有限责任公司
（3）股份有限公司
（4）上市公司

## 重点回顾

### 一、公司和公司法概述

公司是指按照法律，以营利为目的，由股东投资而设立的企业法人。

● 公司的种类（见表 2-1）

表 2-1 公司的种类

| 划分依据 | 类型 | 备注 |
|---|---|---|
| 股东所承担的责任形式 | 1. 无限责任公司 | 《公司法》主要规定了股份有限公司和有限责任公司 |
| | 2. 两合公司 | |
| | 3. 股份有限公司 | |
| | 4. 股份两合公司 | |
| | 5. 有限责任公司 | |

续表

| 划分依据 | 类型 | 备注 |
|---|---|---|
| 公司的信用标准 | 1. 人合公司 | 典型的人合公司：无限责任公司 |
| | 2. 资合公司 | 典型的资合公司：股份有限公司 |
| | 3. 人合兼资合公司 | |
| 公司的控制和依附关系 | 1. 母公司 | 母公司通过持有子公司的股份控制子公司的经营活动 |
| | 2. 子公司 | 子公司是独立的公司，具有企业法人资格，是独立的法人主体 |
| 公司的组织系统 | 1. 总公司 | 总公司可以管辖其分公司 |
| | 2. 分公司 | 分公司是总公司管辖的分支机构，不具有企业法人资格，不是独立的法人主体 |
| 公司的国籍 | 1. 本国公司 | 跨国公司指具有两个以上国籍，由分布在不同国家的实体组成的公司 |
| | 2. 外国公司 | |
| | 3. 跨国公司 | |
| 公司的股票能否公开转让 | 1. 封闭式公司 | |
| | 2. 开放式公司 | |

公司法是调整公司的设立、组织活动、解散、清算及其他对内对外法律关系的法律规范的总称。

**二、公司的基本制度**

**1. 公司名称**

公司名称： "天津市 大力 机械制造 股份有限公司"

↓ ↓ ↓ ↓

组成要件： 行政区划 商号 公司所属行业 公司类别

**2. 公司住所**

公司住所是其主要办事机构所在地，据以确定地域管辖、送达文书、债务履行地、适用法律。

**3. 公司的设立与成立**

公司的设立是指公司依法取得法人资格的全部活动的总称，公司成立前的活动都属于设立行为。公司的成立是指公司依法设立后所产生的法律效果，公司的成立日期是营业执照的签发日期。图2-1说明了公司的设立及成立程序。

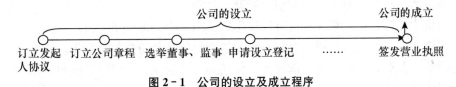

**图2-1 公司的设立及成立程序**

**4. 公司的章程**

公司的章程是指公司股东或发起人依法制定的，记载有关公司组织与活动基本原则的书面法律文件。公司的章程应公开，若有变更，需进行变更登记。

### 5. 公司的权利能力与行为能力

公司的权利能力是公司享有民事权利、承担民事义务的资格，是公司能实际享有民事权利、承担民事义务的前提条件。

公司的行为能力是指公司通过自己的行为实际享受权利、承担义务的能力。它与公司的权利能力范围是一致的，始于公司产生之时，终于公司终止之日。

● 公司权利能力的限制

公司不能超越其经营范围而从事一些经营活动。公司超越经营范围订立的合同并非无效，但违反国家限制经营、特许经营以及法律、行政法规禁止经营规定的除外。

公司是法人，不享有自然人专属的生命权、身体权、健康权等。

公司在清算期间只能在清算范围内享受权利、承担义务，不能享有原有的权利能力。

### 6. 公司的合并与分立

公司合并：公司合并后，原公司的股东可以继续成为合并后的公司的股东；原公司的债权债务全部由合并后的公司概括承受。

● 公司合并的形式

新设合并：A＋B＋C→D

吸收合并：A＋B＋C→A

● 公司合并的程序

订立合并协议→编制资产负债表及财产清单→表决通过股东会决议→通知债权人→注册登记

公司分立：公司分立前的债务由分立后的公司承担连带责任，但是，公司在分立前与债权人就债务清偿达成的书面协议另有约定的除外。

● 公司分立的形式

派生分立：A→A＋B

新设分立：A→B＋C

● 公司分立的程序

编制资产负债表及财产清单→通知债权人→注册登记

### 7. 公司的资本、资产

公司的资本可以指实缴资本、注册资本、授权资本或发行资本。

实缴资本：公司股东已经向公司实际缴纳的资本，包括现金和以货币计算的其他财产。

注册资本：在公司登记成立时填报的财产总额。

授权资本：公司根据章程授权可以筹集的全部资本。可分期缴付。

发行资本：公司发行的股份总额，是每股发行价与股份总数的乘积。

公司资产是公司所拥有的全部财产，包括拥有的物权、无形财产权和债权。

公司资产＞注册资本。

### 8. 公司债券

公司债券是指公司通过发行证券同他人形成的债权与债务关系。

● 公司债券与股份的区别（见表2－2）

表 2 - 2    公司债券与股份的区别

|  | 债券 | 股份 |
|---|---|---|
| 持有人与公司的关系 | 两者利益相对 | 两者利害关系一致 |
| 代表的权利 | 本金、利息的给付请求权 | 公司解散、清算时的剩余财产分配权 |
| 发行时间 | 公司成立后 | 公司成立前或成立后 |

● 公司债券的种类（见表 2 - 3）

表 2 - 3    公司债券的种类

| 分类标准 | 类型 |
|---|---|
| 是否记载持有人姓名 | 记名债券（背书转让） |
|  | 无记名债券（交付转让） |
| 有无担保 | 有担保公司债券 |
|  | 无担保公司债券 |
| 能否转化为股权 | 可转换公司债券 |
|  | 非转换公司债券 |

### 9. 公司的解散与清算

公司解散：已成立的公司因法律原因而丧失营业能力，停止业务活动，开始处理未了结的业务。

公司清算：公司解散后，处理公司未了结的事务，使公司的法人资格消灭的程序。

解散不一定需要清算，如因合并和分立而解散。

## 三、有限责任公司

有限责任公司是指由一定人数的股东组成，股东以其认缴的出资额为限对公司承担责任，公司以其全部资产对公司债务承担责任的公司。

### 1. 特点

（1）股东人数≤50 人。

（2）股东以其出资额为限，对公司债务负有限责任。

（3）公司不得公开向社会募集资本。

（4）股东出资额转让须经其他股东过半数同意，超过法定期限未答复的，视为同意；不同意的股东应购买转让的股权，不购买的视为同意转让。

（5）公司财务状况一般不公开。

（6）组织机构设置灵活。

### 2. 设立条件与程序

（1）股东人数≤50 人。

（2）股东出资可以采用货币形式，也可以采用实物、知识产权、土地使用权等非货币财产形式，但必须可以用货币估价并转让所有权。

（3）可分期缴纳出资，期限由公司章程规定。

（4）设立程序：订立章程→认缴出资→申请设立登记→颁发营业执照。

● 注意事项

分期缴纳出资的，首次出资额不要求货币出资额的比例。

资本不变原则：有限责任公司不经法定程序不得随意增减资本。

**3. 股东**

股东一般是指公司的出资者，可以是自然人、法人、国家。

● 股东的权利

自益权：股东基于自身出资专为自身利益而行使的享受经济利益的权利，包括获得股息、红利的权利，剩余财产的分配权，股东转让出资时的优先受让权。

共益权：股东基于自己的出资为公司利益、同时为自己的利益而行使的参与公司事务的经营管理权利，包括表决权、监督权、请求召开股东会会议的权利、查阅公司账簿权、请求诉讼权等。

**4. 组织机构**

ⅰ. 股东会

股东会是由全体股东组成的权力机构、非常设机构，有权对公司的重要事项作出决定，对外不代表公司，对内也不执行业务。

股东会的职权包括：

(1) 选举和更换董事、监事，决定有关董事、监事的报酬事项；

(2) 审议批准董事会的报告；

(3) 审议批准监事会的报告；

(4) 审议批准公司的利润分配方案和弥补亏损方案；

(5) 对公司增加或者减少注册资本作出决议；

(6) 对发行公司债券作出决议；

(7) 对公司合并、分立、解散、清算或者变更公司形式作出决议；

(8) 修改公司章程；

(9) 公司章程规定的其他职权。

ⅱ. 董事会

董事会是有限责任公司的经营决策和业务的执行机构、常设机构。它对外代表公司，对内执行业务。小规模的有限责任公司可以不设董事会，只设一名执行董事。董事的产生方式包括股东会选任、章程确定、法律规定三种。董事会对股东负责，其职权包括：

(1) 召集股东会会议，并向股东会报告工作；

(2) 执行股东会的决议；

(3) 决定公司的经营计划和投资方案；

(4) 制订公司的利润分配方案和弥补亏损方案；

(5) 制订公司增加或者减少注册资本以及发行公司债券的方案；

(6) 制订公司合并、分立、解散或者变更公司形式的方案；

(7) 决定公司内部管理机构的设置；

(8) 决定聘任或者解聘公司经理及其报酬事项，并根据经理的提名决定聘任或者解聘公司副经理、财务负责人及其报酬事项；

（9）制定公司的基本管理制度；

（10）公司章程规定或者股东会授予的其他职权。

ⅲ. 经理

经理是负责公司日常经营管理事务的高级管理人员。经理是由董事会聘任或解聘的，对董事会负责。其职权包括：

（1）主持公司的生产经营管理工作，组织实施董事会决议；

（2）组织实施公司年度经营计划和投资方案；

（3）拟订公司内部管理机构设置方案；

（4）拟订公司的基本管理制度；

（5）制定公司的具体规章；

（6）提请聘任或者解聘公司副经理、财务负责人；

（7）决定聘任或者解聘除应由董事会决定聘任或者解聘以外的负责管理人员；

（8）董事会授予的其他职权。

ⅳ. 监事会

监事会是公司的监督机构，它不是必设机构。规模较小或者股东人数较少的有限责任公司，可以不设监事会，设一名监事，行使本法规定的监事会的职权；经全体股东一致同意，也可以不设监事。董事、高级管理人员不得兼任监事。

监事会的职权包括：

（1）检查公司财务；

（2）对董事、高级管理人员执行职务的行为进行监督，对违反法律、行政法规、公司章程或者股东会决议的董事、高级管理人员提出解任的建议；

（3）当董事、高级管理人员的行为损害公司的利益时，要求董事、高级管理人员予以纠正；

（4）提议召开临时股东会会议，在董事会不履行《公司法》规定的召集和主持股东会会议职责时召集和主持股东会会议；

（5）向股东会会议提出提案；

（6）依法对董事、高级管理人员提起诉讼；

（7）公司章程规定的其他职权。

**5. 一人有限责任公司**

一人有限责任公司是指只有一个自然人股东或者一个法人股东的有限责任公司。

一人有限责任公司与一般有限责任公司的区别在于：一个自然人只能投资设立一个一人有限责任公司，该一人有限责任公司不能投资设立新的一人有限责任公司；推定股东承担连带责任。

**四、股份有限公司**

股份有限公司是指全部资本分为等额股份，股东以其认购的股份为限对公司承担责任，公司以其全部财产对公司债务承担责任的法人。

**1. 特点**

（1）2≤发起人数量≤200，股东人数没有上限；

（2）股东以其所持股份对公司债务负有限责任；

（3）公司可向社会公开募集资本；

（4）股份可以自由转让；

（5）经营的公开性，包括章程、财务会计报表、内部决策的公开；

（6）设立条件和程序严格。

**2. 设立条件与程序**

（1）2≤发起人数量≤200。

（2）股东出资既可以采用货币形式，又可以采用实物、知识产权、土地使用权等非货币财产形式，但必须可以用货币估价并转让所有权。

（3）设立程序：订立发起人协议→订立章程→认缴和募集股份→召开成立大会→申请设立登记→颁发营业执照。

● 发起设立和募集设立

发起设立是指由发起人认购公司应发行的全部股份而设立公司；募集设立是指由发起人认购公司应发行股份的一部分，其余股份向社会公开募集或者向特定对象募集而设立公司。

对于发起设立，发起人应当书面认足公司章程规定其认购的股份并按公司章程规定缴纳出资。

对于募集设立，股份有限公司的股本分别由发起人认购和向社会公开募集。发起人认购股份数不少于公司股份总数的35%。

**3. 股份**

ⅰ.股份的种类（见表2-4）

表2-4 股份的种类

| 划分依据 | 分类 | 区分的意义 |
| --- | --- | --- |
| 股东享有的股权内容 | 普通股 | 优先股具有优先分配盈利和剩余资产等特权 |
| | 优先股 | |
| 股票上是否记载股东姓名 | 记名股 | 记名股转让需背书交付 |
| | 无记名股 | 无记名股转让仅需交付 |
| 股票是否标明金额 | 额面股 | |
| | 无额面股 | |

ⅱ.股份的发行

设立发行：公司在设立过程中为筹集资本而发行股份的行为。在发起设立的情况下，第一次发行的股份完全由发起人认足，不再向社会募集；在募集设立的情况下，第一次发行的股份由发起人认购一部分，其余股份向社会募集。

新股发行：公司在成立后再次发行股份的行为。

平价发行、溢价发行与折价发行：股份可以按股份金额发行（平价发行），也可以超过股份金额发行（溢价发行），但不得低于股份金额发行（折价发行）。

**4. 组织机构**

《公司法》对股份有限公司组织机构的职权的规定与对有限责任公司的规定相同，但在具体的人员构成、召集程序和议事规则上略有差别。

ⅰ. 股东会

股东会会议分为股东常会与临时股东会会议。股东常会是每年必须召开的由全体股东出席的会议，每年召开一次。临时股东会会议是根据实际情况需要临时召开的股东会会议。股东会会议由董事会负责召集，由董事长主持。

股东出席股东会会议，所持每一股份均有一表决权。但是公司持有的本公司股份没有表决权。股东会作出决议，应当经出席会议的股东所持表决权过半数通过。股东会作出修改公司章程、增加或者减少注册资本的决议，以及公司合并、分立、解散或者变更公司形式的决议，应当经出席会议的股东所持表决权的 2/3 以上通过。

ⅱ. 董事会

董事会由股东会或成立大会选举产生，董事会成员为三人以上。

董事长召集和主持董事会。董事会会议应有过半数的董事出席方可举行。董事会作出决议，应当经全体董事的过半数通过。

ⅲ. 监事会

监事由股东代表和适当比例的公司职工代表担任，其中职工代表的比例不得低于 1/3，具体比例由公司章程规定。监事的任期为每届 3 年，监事任期届满，连选可以连任。董事、高级管理人员不得兼任监事。

**5. 上市公司**

上市公司是指其股票在证券交易所上市交易的股份有限公司。

● 特别规定

（1）上市公司特别决议事项。

上市公司在一年内购买、出售重大资产或者担保金额超过公司资产总额 30％的，应当由股东会作出决议，并经出席会议的股东所持表决权的 2/3 以上通过。

（2）关联交易的表决方式。

上市公司董事与董事会会议决议事项所涉及的企业或者个人有关联关系的，该董事应当及时向董事会书面报告。有关联关系的董事不得对该项决议行使表决权，也不得代理其他董事行使表决权。该董事会会议由过半数的无关联关系董事出席即可举行，董事会会议所作决议须经无关联关系董事过半数通过。出席董事会会议的无关联关系董事人数不足 3 人的，应当将该事项提交上市公司股东会审议。

（3）独立董事。

上市公司设立独立董事，又称非执行董事，是指不在公司担任除董事外的其他职务并与所聘任的公司及主要股东不存在可能妨碍其进行独立、客观判断关系的董事。

## 练习题

**1. 名词解释**

（1）有限责任公司

（2）股份有限公司

（3）一人有限责任公司

（4）上市公司

（5）募集设立

（6）公司债券

**2. 单项选择题**

（1）我国下列企业中，不适用《公司法》的是（　　）。

　　A. 有限责任公司　　　　　　　　B. 股份有限公司

　　C. 合伙企业　　　　　　　　　　D. 法人类外商投资企业

（2）甲服装厂与乙服装厂经过协商决定双方各自出资 100 万元设立一个电子商务有限责任公司，能否设立？（　　）。

　　A. 不能，因为新设公司的生产经营范围超出了两厂的生产经营范围

　　B. 不能，因为新设公司的生产经营范围与两厂的范围不属于同一类别

　　C. 可以设立，但两厂必须依照法定程序修改公司章程并变更自己的生产经营范围

　　D. 可以设立，新设公司的经营范围可以不受出资人的生产经营范围的限制

（3）住所地在甲地的四海公司在乙地设立了一个分公司，该分公司以自己的名义与乙地的公司签订了一份房屋租赁合同，现分公司因为拖欠租金发生纠纷，下列说法正确的是（　　）。

　　A. 房屋租赁合同有效，法律责任由合同当事人独立承担

　　B. 该分公司不具有民事主体资格，又无四海公司授权，该租赁合同无效

　　C. 合同有效，该合同产生的法律责任由四海公司承担

　　D. 合同有效，该合同产生的法律责任由四海公司及其分公司承担连带责任

（4）甲、乙、丙、丁四个公司作为发起人，以募集方式设立股份有限公司，但在召开成立大会时，由于客观环境发生了重大变化，公司不再设立。对于筹建中发生的 800 万元费用承担，下列说法正确的是（　　）。

　　A. 甲、乙、丙、丁平均分摊

　　B. 甲、乙、丙、丁按约定的出资比例分摊

　　C. 甲、乙、丙、丁承担连带责任

　　D. 甲、乙、丙、丁按在成立大会中所代表的表决权比例承担

（5）依照《公司法》的规定，下列关于监事会的说法正确的是（　　）。

　　A. 公司的董事经过董事会批准，可以兼任监事

　　B. 有限责任公司必须设置监事会

　　C. 监事会由股东和公司职工代表组成

　　D. 监事的任期可以是 2 年，但是最长不超过 3 年

（6）某股份有限公司的股本总额为 12 000 万元，当其未弥补的亏损总额达到（　　）时，应在 2 个月内召开临时股东大会。

　　A. 1 000 万元　　　B. 2 000 万元　　　C. 3 000 万元　　　D. 4 000 万元

（7）某公司在解散清算过程中，清算组在编制资产负债表、清点登记公司财产后发现公司财产不足以清偿债务，在这种情况下，清算组应该如何处理？（　　）。

　　A. 报股东会决定

    B. 向最大的债权人进行清偿

    C. 按债务发生的时间先后进行清偿

    D. 向人民法院申请宣告破产

（8）关于公司的出资形式，错误的是（　　）。

    A. 股东可以以货币出资，也可以以非货币出资

    B. 股东以实物、知识产权、土地使用权出资的，可以用货币估价

    C. 对于应当交付并办理权属登记的出资形式，股东自登记之日起享有股东权利

    D. 股东的出资方式等具体由公司章程规定

（9）根据《公司法》的规定，有限责任公司股东甲、乙、丙、丁四人的出资情况，哪项是错误的？（　　）。

    A. 四人的货币出资金额不低于25%

    B. 甲以其研发的专利技术出资

    C. 乙以其名下的房产出资

    D. 丁表示出资50万元，但需要一年以后才出资到位，公司章程规定的出资期限最长为一年半

（10）某股份有限公司准备采用发起方式设立，下列说明哪项正确？（　　）。

    A. 全部股东先认缴30%的公司股份，并订立公司章程准备于1年后向社会公开募集剩余的70%股份

    B. 全部股东认缴全部公司股份，其中有两位股东因人在国外，故通过电话方式委托其他股东认缴

    C. 全部股东共同签订书面协议认缴全部公司股份

    D. 部分股东认缴80%公司股份后，大股东受全体股东委托向市场监督管理机构申请设立登记

（11）下列哪个事项不属于有限责任公司股东会的职权范围？（　　）。

    A. 准备于下一财年投资1 000万元进入电子商务市场

    B. 因董事长领导失职，决定调整董事长报酬

    C. 决定与A公司合资成立B公司

    D. 决定公司设置风险控制部门

（12）甲股份有限公司以募集方式设立，发起人陈某、刘某和武某三人共认缴20%公司股份。后三人共同草拟了公司章程和招股说明书。随后通过公告招股说明书的方式，向社会募集了剩余的80%股份。共有80位认股人认股。股款缴足后，由于刘某需要出国一段时间，三个发起人决定等半年以后再召开成立大会，并于大会召开15日前通知了各位认股人。成立大会召开时经统计，有43位、共占股份总额47%的认股人参加了成立大会，大会过半数通过了公司章程等相关决议。对于募集设立过程，请解答以下问题：

①募集设立股份有限公司，对于发起人和认股比例的要求是（　　）。

  A. 应有2人以上的发起人，认股比例为20%以上，上述案例中发起人人数和认股比例均符合规定

  B. 发起人认股比例应为35%，上述案例中认股比例不足

C. 应有 5 人以上的发起人，上述案例中发起人人数不足

D. 应有 5 人以上的发起人，认股比例为 35％，上述案例中发起人人数和认股比例都不符合规定

②股款认足后，召开成立大会的时间为（    ）。

A. 30 日      B. 60 日      C. 90 日      D. 180 日

③关于案例中的成立大会，以下说法正确的是（    ）。

A. 于成立大会召开 15 日前通知各认股人的程序合法

B. 应于成立大会召开 20 日前通知各认股人，案例中通知时间不合法

C. 案例中参加成立大会的认股人人数超过全部人数的 50％，召开成立大会合法

D. 成立大会对公司章程的决议，必须经出席大会的认股人所持表决权 2/3 以上通过，而非过半数通过

**3. 多项选择题**

(1) 下列关于有限责任公司和股份有限公司的说法正确的是（    ）。

A. 有限责任公司和股份有限公司都是法人

B. 有限责任公司和股份有限公司的股东以其出资额为限对公司承担有限责任

C. 有限责任公司和股份有限公司以公司的全部资产对公司的债务承担责任

D. 我国依法确立的公司形式只有有限责任公司和股份有限公司

(2) 某有限责任公司有甲、乙、丙三个股东，在成立后发现被股东甲作为出资的土地使用权的实际价额明显低于公司章程所规定的价额，下列说法正确的是（    ）。

A. 应当由甲补交差额

B. 乙、丙应当对补交差额承担连带责任

C. 公司应当解散

D. 如果丁是在公司成立之后加入的，则对该补交差额不承担连带责任

(3)《公司法》规定，有限责任公司中可以提议召开临时会议的是（    ）。

A. 1/10 以上有表决权的股东      B. 1/3 以上的董事

C. 监事会      D. 不设监事会的公司的监事

(4) 下列事项中，必须经有限责任公司股东会决议并经 2/3 以上有表决权的股东通过的是（    ）。

A. 修改公司章程      B. 减少公司注册资本

C. 增加公司注册资本      D. 向股东以外的人转让出资

(5) 股份有限公司的认股人在（    ）情况下可以抽回股本。

A. 发起人未缴足股款      B. 发起人未按期召开成立大会

C. 公司未按期募足股份      D. 创立大会决议不成立公司

(6) 某股份有限公司计划发行股票，下列说法正确的是（    ）。

A. 向法人发行的股票可以为无记名股票

B. 向社会公众发行的股票可以为记名股票和无记名股票

C. 向发起人发行的股票必须为记名股票

D. 向法人只能发行记名股票

(7) 公司不得收购本公司股份，但（　　　）除外。

A. 减少公司注册资本

B. 与持有本公司股份的其他公司合并

C. 将股份用于员工持股计划或者股权激励

D. 股东因对股东大会作出的公司合并或分立决议持异议，要求公司收购其股份

(8) 某外国公司驻北京办事处的以下行为中，哪些违反了《公司法》的规定？（　　　）。

A. 办事处未置备该外国公司的章程

B. 办事处在与其中国雇员签订的劳动合同中约定，雇员对办事处的任何请求都不得诉及该外国公司

C. 在该外国公司被所在国法院宣告破产后，办事处仍继续在中国从事经营活动

D. 当该外国公司撤销该办事处时，先将其资金汇出中国国境，然后办理解散清算手续

(9) 根据《公司法》的规定，有限责任公司股东会会议对下列事项的决议，必须经代表 2/3 以上表决权的股东通过的有（　　　）。

A. 修改公司章程　　　　　　　　B. 减少注册资本

C. 更换公司董事　　　　　　　　D. 变更公司形式

(10) 关于有限责任公司和股份有限公司，下列说法正确的是（　　　）。

A. 有限责任公司更多地体现人合性，股份有限公司更多地体现资合性

B. 有限责任公司具有更多的强制性规范，股份有限公司通过公司章程享有更多的意思自治权

C. 有限责任公司和股份有限公司的注册资本都可以在公司成立后分期缴纳，但发起设立的股份有限公司除外

D. 有限责任公司和股份有限公司的股东在特殊情况下都可能对公司债务承担连带责任

(11) 甲公司是某集团公司 A 的全资子公司。因业务需要，集团公司 A 决定将甲公司分立为两个公司。鉴于甲公司现有的债权债务全部发生在集团公司内部，以下说法正确的是（　　　）。

A. 甲公司的分立，应当由集团公司 A 作出决议

B. 甲公司的分立，应当由甲公司的董事会作出决议

C. 甲公司的分立，只需进行财产分割，无须清算

D. 因甲公司的债权债务全部发生在集团公司内部，因而其分立无须通知债权人

(12) 下列关于股份发行的说法，正确的是（　　　）。

A. 新股是新设立公司发行的股份

B. 设立发行是公司在设立过程中发行股份的行为

C. 股份可以按股份金额发行，也可以超过或低于股份金额发行

D. 股份发行实行同股同权的原则

(13) 甲是 A 股份有限公司的股东，其转让股份时，下列行为合法的是（　　）。

A. 甲是 A 公司董事长，出于家庭投资需要，准备在公司成立后 8 个月转让部分股份

B. 甲是 A 公司记名股东，其与乙签订书面转让协议转让股份

C. A 公司上市后，甲通过证券交易所转让所持有的股份

D. 甲曾是 A 公司总经理，后因与董事长在经营理念方面发生分歧而离职，甲离职一年后才转让所持有的 A 公司股份

(14) 下列关于公司注册资本的说明，错误的有（　　）。

A. 一人有限责任公司的最低注册资本额为 10 万元，且需要一次性缴清

B. 我国新《公司法》取消了有限责任公司的最低注册资本额，但对股份有限公司的最低注册资本额仍要求 500 万元

C. 我国新《公司法》要求发起设立的股份有限公司，发起人首次出资额可在公司成立后两年内缴纳

D. 成立有限责任公司、股份有限公司虽然已经没有最低注册资本额限制，但发起人认缴的出资应当经过验资机构验资后方可注册成立公司

(15) 某上市公司资产总额为 1 亿元，董事长祁某决定在 2019 年花 4 000 万元投资购买某市商用房地产。祁某提议由贾某担任该公司独立董事，但公司股东刘某与贾某存在矛盾，反对贾某任独立董事，后经董事会决定不设独立董事。对上述事件的分析，正确的是（　　）。

A. 祁某无权自行决定公司的重大投资事项，应由股东大会作出决议

B. 若股东大会以 55% 的比例赞成通过祁某的投资建议，则该决议获得通过

C. 上市公司可以不设立独立董事

D. 我国法律规定，上市公司应当设立独立董事

**4. 案例题**

(1) 某高校甲、国有企业乙、集体企业丙签订合同决定共同投资设立一家生产型科技发展有限公司。其中，甲以高科技成果出资，作价 15 万元，乙以厂房出资，作价 20 万元，丙以现金 12 万元出资，后丙因为资金紧张实际只出资 10 万元。

问题：

①以非货币形式出资，应办理什么手续？

②丙承诺出资 12 万元，实际出资 10 万元，应承担什么责任？

③设立有限责任公司应向什么部门办理登记手续？应提交哪些文件或材料？

④丙的出资是否符合要求？为什么？

(2) 甲、乙、丙三个公司准备吸收合并成立丁公司。甲公司有 200 万元未到期债权，乙公司有 500 万元到期债务，丙对甲公司的子公司戊公司持有 30% 的股份。

问题：

①甲公司的债权是否应当提前追偿？

②乙公司的债务应如何处理？

③丙公司对戊公司的股份应如何处理？

（3）徐某、李某、王某和薛某作为发起人，准备以募集设立方式成立甲股份有限公司，股份总额为 5 000 万元。四人共同签署的发起人协议中约定徐某认股 500 万元，李某认股 200 万元，王某和薛某各认股 100 万元，均于公司成立前缴足。后四人共同编写了招股说明书，向社会公开募集剩余股份。股份募集完毕后，徐某等发起人共同筹备公司成立大会，准备在会上由全体股东共同订立公司章程、选举董事会成员、决定公司管理机构设置等。在筹备过程中，李某和王某对公司经营方向发生分歧，导致原本在股款募集完毕后 20 日内就可以召开的成立大会拖延到 3 个月之后。成立大会顺利通过各项决议，后由股东大会委派股东孙某申请公司登记。

问题：

①徐某等四人作为发起人，募集设立股份有限公司的方式是否合法？

②四名发起人的认股数额是否合法？

③成立大会召开的程序是什么？本案中召开成立大会的过程是否符合规定要求？

④股份有限公司申请设立登记的要求是什么？

第三章

# 破产法

 **教学大纲**

通过本章的学习，了解破产法的概念，掌握我国法律有关破产界限、破产案件的管辖及受理、管理人的法律地位、债权人会议的性质及职权、债务人财产的范围、宣告破产的情形和形式以及取回权、别除权、抵销权、追回权。

**重要概念**

（1）破产　　　　　　　　（2）管理人
（3）债权人会议　　　　　（4）债务人财产
（5）重整　　　　　　　　（6）和解
（7）破产宣告　　　　　　（8）取回权
（9）别除权　　　　　　　（10）抵销权
（11）追回权

**重点回顾**

### 一、破产的概念

法律意义上的破产，是指债务人不能清偿到期债务时，由人民法院通过法定程序，将债务人的全部财产强制向全体债权人公平清偿并使债务人丧失其主体资格的事件。

破产的特征：是一种债务清偿的法定手段；以债务人不能清偿到期债务为前提；以公平清偿债权为宗旨；是一种强制执行程序。

我国调整破产过程中所发生的社会关系的法律规范主要是《中华人民共和国企业破产法》及其司法解释，也有相关特殊规范，散见于《中华人民共和国商业银行法》等。我国现行破产法的适用范围较窄，仅包括企业法人，但不包括没有法人资格的企业、个体工商户、合伙组织、农村承包经营户和自然人。

### 二、破产申请的提出与破产案件的受理

**1. 破产界限（破产原因）**

一般企业法人的破产界限：不能清偿到期债务，且资产不足以清偿全部债务或明显缺乏赔偿能力。

商业银行的破产界限：不能清偿到期债务。

**2. 破产申请**

我国采用申请主义，即人民法院根据破产申请人的申请而开始破产程序。破产申请人既可以是债权人，也可以是债务人自身。

申请破产的债权人，可以是法人、公民和具有诉讼主体资格的非法人组织。只要满足债务人不能清偿到期债务的要求即可申请破产。

**3. 破产案件的管辖与受理**

ⅰ. 管辖

地域管辖：由债务人住所地人民法院管辖。

级别管辖：基层人民法院一般管辖县、县级市或者区的工商行政管理机关核准登记企业的破产案件；中级人民法院一般管辖地区、地级市（含本级）以上的工商行政管理机关核准登记企业的破产案件；纳入国家计划调整的企业破产案件，由中级人民法院管辖。

ⅱ. 债务人异议权和申请人上诉权

债权人提出破产申请的，债务人对申请有异议的，可以向人民法院提出，由人民法院裁定是否受理。人民法院裁定不受理破产申请，申请人对裁定不服的，可以向上一级人民法院上诉。

ⅲ. 受理的法律后果

对债务人：债务人的有关人员应妥善保管财产；配合人民法院和管理人的工作；列席债权人会议并如实回答债权人的询问；未经人民法院许可，不得离开住所地；不得新任其他企业的董事、监事或高级管理人员；不得对个人债权人清偿债务；担任保证人的债务人应当及时转告有关当事人。

对债权人：向管理人申报债权并同时停止个别追索行为；未到期的债权视为到期；付利息的债权停止计息。

对债务人的债务人或财产持有人：向管理人清偿债务或交付财产。

对管理人：对破产申请受理前成立而债务人和对方当事人均未履行完毕的合同有权决定解除或继续履行，并通知对方当事人，超过法定期限未通知的，视为解除合同。

其他：人民法院受理破产案件后，有关债务人财产的保全措施应当解除，执行程序应当终止。

**4. 管理人**

管理人是人民法院受理破产申请后，接管债务人并处理债务人的经营管理和破产事务的个人或组织。

管理人受债权人会议、人民法院、债权人委员会的监督。管理人负责接管债务人的财务资料、调查债务人财产状况、决定债务人的内部管理事务等一切与债务人的经营管理和破产事务相关的活动。

**5. 债务人财产的构成**

债务人的财产包括：破产申请受理时属于债务人的全部财产；债务人在破产申请受理后至破产程序终结前所取得的财产；担保物的价款超过担保债务数额部分的担保财产；应由债务人行使权利的其他财产权。

**6. 破产费用和共益债务**

破产费用是指人民法院受理破产申请后发生的费用。共益债务是人民法院受理破产申请后发生的，为了全体债权人的共同利益以及破产程序顺利进行而发生的债务。

破产费用和共益债务由债务人财产随时清偿。不足以共同清偿二者的，先行清偿破产费用；不足以清偿所有破产费用或共益债务的，按比例清偿；不足以清偿破产费用的，管理人应提请人民法院终止破产程序。

**7. 债权申报**

人民法院受理破产申请后，应当确定债权人申报债权的期限，在此期限内，债权人应当向管理人申报债权。在债权申报环节，债务人、债权人对申报材料有异议的，职工对管理人所列的不必申报的债权清单有异议的，可以提起确认之诉。

### 三、债权人会议和债权人委员会

**1. 债权人会议的概念**

债权人会议是依法申报债权的债权人参加破产程序并集体行使权利的决议机构。它是在破产财产处理过程中，集中体现全体债权人意志的一种临时性的组织形式，也是在人民法院的监督下讨论决定破产事宜的最高决策机构。债权人会议由依法申报债权的债权人组成，其成员分为有表决权的成员和无表决权的成员。

有表决权的成员包括：无财产担保的普通债权人，放弃了优先受偿权利的有财产担保的债权人，有优先受偿权利但优先受偿权利的行使未能就担保物获得足额清偿的债权人，代替债务人清偿了债务的保证人，等等。

无表决权的成员包括：债权尚未确定的债权人，人民法院能够为其行使表决权而临时确定债权额的除外；对债务人的特定财产享有担保权的，未放弃优先受偿权利的债权人。

**2. 债权人会议的职权**

核查债权，监督破产程序，通过和解协议，决定债务人是否继续营业并通过债务人财产的管理方案，通过破产财产的变价和分配方案，通过重整计划。

**3. 债权人会议的决议**

合法有效的债权人会议的必备条件：决议的内容以债权人会议的职权范围为限；决议的通过必须达到一定数量的票额。

（1）一般性决议通过的条件：投赞成票的债权人人数≥1/2出席会议的有表决权的债权人人数，且投赞成票的债权人所代表债权额≥1/2无财产担保债权总额。

（2）重大事项通过的条件：投赞成票的债权人人数≥1/2出席会议的有表决权的债权人人数，且投赞成票的债权人所代表债权额≥2/3无财产担保债权总额。

在如下两种情形下人民法院可对决议事项作出裁定：（1）债权人会议未表决通过债务人财产的管理方案或破产财产的变价方案；（2）债权人会议二次表决仍未通过破产财产的分配方案。

不论是否出席会议，不论是否同意决议，决议一旦形成，就对全体债权人有约束力。如果债权人认为决议违反法律规定或有损其自身利益，可以请求人民法院撤销该决议，并责令债权人会议重新作出决议。

**4. 债权人委员会**

债权人委员会由债权人会议设立，成员由债权人会议选任，并经人民法院书面认可，主要发挥监督职能。

### 四、重整

重整：债务人符合破产或可能破产的情形，但仍有挽救希望，债权人或债务人可向人民法院申请对债务人进行整顿，以期在一定期限内恢复清偿能力的法律程序。重整程序如图 3-1 所示。

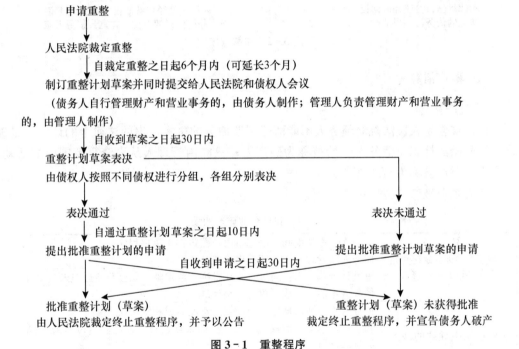

**图 3-1　重整程序**

经人民法院裁定批准的重整计划，对债务人和全体债权人均有约束力。由债务人负责执行，由管理人进行监督。

### 五、和解

和解是指债务人不能清偿到期债务，但仍有挽救希望，为避免其破产，由债务人和债权人相互间达成的解决债务问题的一揽子谅解协议。和解协议须经人民法院裁定认可。

和解的效力：中止破产程序；解除对债务人的破产保全；变更债权债务关系；在和解协议执行期间，未申报债权的和解债权人不得行使权利，在和解协议执行完毕后，可以按照和解协议规定的清偿条件行使权利。

和解程序如图 3-2 所示。

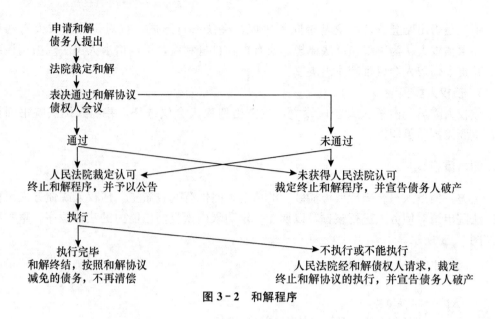

图 3-2　和解程序

## 六、破产清算

### 1. 破产宣告

破产宣告是人民法院对债务人不能清偿到期债务的事实作出的法律上的认定，是破产清算开始的标志；债务人开始被称为破产人；只能由管理人从事清算范围内的活动；债务人的财产被称为破产财产。

宣告企业破产的情形见表 3-1。

表 3-1　宣告企业破产的情形

| 重整过程中被裁定终止重整程序导致的破产宣告 | 债务人在重整期间因法定事由被裁定终止重整程序 |
| --- | --- |
| | 债务人或管理人未按期提出重整计划草案 |
| | 重整计划草案未获通过且未获批准，或重整计划已获通过但未获批准 |
| | 债务人不能执行或不执行重整计划 |
| 和解过程中导致的破产宣告 | 债务人不能清偿债务且与债权人不能达成和解协议 |
| | 和解协议草案经债权人会议表决而未获通过，或已获通过但未获得人民法院的认可 |
| | 因债务人的欺诈或其他违法行为而成立的和解协议，被裁定无效 |
| | 债务人不能执行或不执行和解协议 |
| 一般破产程序 | 破产程序中人民法院认定债务人符合破产条件的 |

企业破产程序见图 3-3。

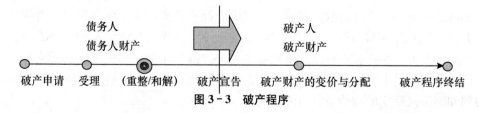

图 3-3　破产程序

注：重整与和解申请可以在人民法院受理破产申请后、宣告破产前提出，也可不经破产申请而直接提出。

**2. 破产财产的变价和分配**

破产财产是指破产宣告时至破产程序终结期间，归管理人占有、支配并用于破产分配的破产人的全部财产的总和。它作为破产宣告后继续进行破产程序的财产基础而存在，决定着破产债权的受偿程度和破产关系中有关主体的利益分配。

在宣告破产后，管理人应当及时拟订破产财产变价方案，提交债权人会议讨论通过；债权人会议表决未通过的，由人民法院裁定。

破产财产的分配顺序为：（1）破产费用和共益债务；（2）破产人所欠职工的工资和医疗、伤残补助、抚恤费用，所欠的应当划入职工个人账户的基本养老保险、基本医疗保险费用，以及法律、行政法规规定应当支付给职工的补偿金；（3）破产人欠缴的除前项规定以外的社会保险费用和破产人所欠税款；（4）普通破产债权。

**3. 破产程序的终结**

破产程序终结的原因有三种：破产人脱离破产困境；债务人财产不足以支付破产费用或无财产可以分配；破产财产分配完结。

**4. 特别规定**

ⅰ. 取回权

取回权是对于债务人占有管理的不属于债务人的财产，其所有权人从管理人处依法取回的请求权，分为一般取回权（《企业破产法》第38条）和特殊取回权（《企业破产法》第39条）。

ⅱ. 别除权

别除权是指不依破产程序而能从破产企业的特定财产得到单独优先受偿的权利（《企业破产法》第109条）。

ⅲ. 抵销权

抵销权是指债权人在破产申请受理前对债务人负有债务的，可以不论债的种类和到期时间，在清算分配前以破产债权抵销其所负债务的权利（《企业破产法》第40条）。

ⅳ. 追回权

追回权是指对于债务人或破产人在破产申请受理前一定期间内所为的有害债权人的行为进行否认，使其归于无效，并将无效或被撤销的行为处分的财产追回，并入破产财产的权利（《企业破产法》第31条）。

## 练习题

**1. 名词解释**

（1）破产法

（2）破产界限

（3）债权人会议

（4）债务人财产

（5）别除权

**2. 单项选择题**

（1）法律意义上的破产，是指债务人不能清偿到期债务时，由（　　）通过法定程序，将债务人的全部财产强制向全体债权人公平清偿并使债务人丧失其主体资格的事件。

A. 债务人　　　　　　　　　　B. 人民法院

C. 债务人的上级部门　　　　　D. 工商管理部门

（2）我国破产法适用于（　　）。

A. 企业法人　　　　　　　　　B. 自然人

C. 企业法人和合伙组织　　　　D. 个体工商户

（3）破产申请人为（　　）。

A. 债务人　　　　　　　　　　B. 债权人

C. 债务人和债权人均可　　　　D. 人民法院

（4）对外国（　　）作出的发生法律效力的破产案件的判决、裁定，涉及债务人在中华人民共和国领域内的财产，申请或者请求承认和执行的，（　　）依照中华人民共和国缔结或者参加的国际条约，或者按照互惠原则进行审查。

A. 仲裁委员会；人民法院　　　B. 法院；人民法院

C. 法院；外交部　　　　　　　D. 仲裁委员会；仲裁委员会

（5）人民法院受理破产申请后至破产宣告前，经审查发现债务人不构成破产情形的，可以（　　）驳回申请，申请人对此不服的，（　　）上诉。

A. 裁定；可以　　　　　　　　B. 裁定；不可以

C. 判决；可以　　　　　　　　D. 判决；不可以

（6）第一次债权人会议由人民法院召集，应当在债权申报期限届满之日起（　　）日内召开。

A. 10　　　　　B. 7　　　　　C. 20　　　　　D. 15

（7）（　　）是债务人与债权人双方就债务的延期、分期偿付或免除而成立的合同。

A. 整顿方案　　　　　　　　　B. 和解协议

C. 债权人会议决议　　　　　　D. 清算方案

（8）下列说法错误的是（　　）。

A. 在重整期间，债务人或者管理人为继续营业而借款的，可以为该借款设定担保

B. 在重整期间，债务人的经营状况和财产状况继续恶化，缺乏挽救可能的，管理人或利害关系人可以请求人民法院裁定终止重整程序

C. 自人民法院裁定债务人重整之日起至破产程序终结之日止，为重整期间

D. 债务人或债权人可以直接向人民法院申请对债务人进行重整

（9）人民法院受理破产案件后，债务人的出资人尚未完全履行出资义务的，（　　）应当要求该出资人缴纳所认缴的出资，而不受出资期限的限制。

A. 人民法院　　　　　　　　　B. 清算组

C. 债务人　　　　　　　　　　D. 管理人

（10）破产财产分配方案草案，由管理人拟定，经（　　）讨论通过，报请人民法院裁定认可，由（　　）执行。

A. 债权人委员会；人民法院　　B. 债务人；债权人会议

C. 债务人上级主管部门；清算组　D. 债权人会议；管理人

（11）债权人委员会由债权人会议选任的债权人代表和一名（　　）或者工会代表组成。

    A. 职工代表                 B. 人民法院工作人员

    C. 债权人上级单位人员      D. 债务人的高级管理人员

（12）下列不属于破产费用的事项有（　　）。

    A. 破产案件的诉讼费用

    B. 管理、变价和分配债务人财产的费用

    C. 管理人执行职务的费用、报酬和聘用工作人员的费用

    D. 管理人或者相关人员执行职务致人损害所产生的债务

**3. 多项选择题**

（1）我国企业法人破产的原因有（　　）。

    A. 不能清偿到期债务          B. 资产不足以清偿全部债务

    C. 经营管理不善，亏损严重    D. 明显缺乏清偿能力

（2）下列说法正确的有（　　）。

    A. 人民法院经审查认为破产案件的申请符合破产法规定的要求，可当即决定企业破产

    B. 人民法院经审查认为破产案件的申请不符合破产法规定的要求，裁定不受理破产申请，并向破产申请人说明理由

    C. 人民法院经审查发现债务人有隐匿、转移财产等行为，为了逃避债务而申请破产的，应当及时追回被隐匿、转移的财产

    D. 人民法院裁定受理破产申请的，应当同时指定管理人

（3）债权人会议中无表决权的成员有（　　）。

    A. 无财产担保的普通债权人

    B. 未放弃优先受偿权利的有财产担保的债权人

    C. 尚未代替债务人向他人清偿债务的保证人或者其他连带债务人

    D. 放弃了优先受偿权利的有财产担保的债权人

（4）人民法院裁定宣告企业破产的情形有（　　）。

    A. 债务人在重整期间因法定事由被人民法院裁定终止重整程序

    B. 重整计划草案未获通过且未被批准，或者重整计划已获通过但未获批准，被人民法院裁定终止重整程序

    C. 债务人不能清偿债务且与债权人不能达成和解协议的

    D. 因债务人的欺诈或其他违法行为而成立的和解协议，被人民法院裁定无效

（5）下列债权可以申报的有（　　）。

    A. 附条件、附期限的债权和诉讼、仲裁未决的债权

    B. 管理人或者债务人依照破产法规定解除合同的，对方当事人以因合同解除所产生的损害赔偿请求权申报债权

    C. 债务人的保证人或者其他连带债务人已经代替债务人清偿债务的，以其对债务人的将来求偿权申报债权

    D. 债务人的保证人或者其他连带债务人尚未代替债务人清偿债务的，以其对债务人的将来求偿权申报债权

(6)（　　）发生破产法规定的破产情形的，国务院金融监督管理机构可以向人民法院提出对该机构进行重整或破产清算的申请。

A. 商业银行　　　　　　　　　　B. 证券公司

C. 保险公司　　　　　　　　　　D. 重点国有企业

(7) 2024 年 9 月 18 日，某人民法院受理了塞克服装公司的破产申请并指定了管理人，管理人开始受理债权申报。下列哪些请求权属于可以申报的债权？（　　）。

A. 甲公司的设备余款给付请求权，但根据约定该余款的支付时间为 2024 年 10 月 30 日

B. 乙公司请求塞克服装公司加工一批服装的合同履行请求权

C. 丙银行的借款偿还请求权，但该借款已经设定财产抵押担保

D. 当地税务机关对塞克服装公司作出的 12 万元行政处罚决定

(8) 关于破产清算、和解与重整的表述，下列哪些选项是正确的？（　　）。

A. 债务人一旦被宣告破产，则不可能再进入重整或者和解程序

B. 破产案件受理后，只有债务人才能提出和解申请

C. 即使债务人未出现现实的资不抵债情形，也可申请重整程序

D. 重整是破产案件的必经程序

**4. 问答题**

(1) 人民法院受理破产案件后的法律效果是什么？

(2) 破产财产的分配顺序是什么？

**5. 案例题**

甲纺织有限公司由于下游企业丁公司长期拖欠其纱线货款达 800 万元，无力偿还上游乙毛纺厂原料款 500 万元。丁公司前不久破产，甲公司作为债权人仅分得 8 万元。再加上近期国际市场行情低迷，出口贸易受阻，又没有及时开拓国内市场，甲公司经营难以为继。乙厂向人民法院申请甲公司破产。人民法院受理并审查后发现甲公司仍有厂房可估值 200 万元，租赁设备 100 万元，但仍拖欠工人工资 150 万元。另外，人民法院还查明，甲公司五年前对丙公司投资，占该公司 10% 的股份，现该公司股份总额达到 1 000 万元。后人民法院裁定甲公司破产。

问题：

(1) 甲公司是否满足破产界限？

(2) 哪些是甲公司的破产财产？哪些不是它的破产财产？

(3) 本案例中人民法院从受理到裁定甲公司破产的程序是否存在问题？

第四章

# 合同法

## 教学大纲

通过本章的学习，对合同的基本理论有所把握，了解和掌握合同的概念、分类、订立、效力、履行、变更、转让、终止、违约责任等。

## 重要概念

(1) 合同　　　　　　　　　　(2) 要约

(3) 承诺　　　　　　　　　　(4) 合同生效

(5) 合同无效　　　　　　　　(6) 合同效力待定

(7) 合同可撤销　　　　　　　(8) 同时履行抗辩权

(9) 先履行抗辩权　　　　　　(10) 不安抗辩权

(11) 代位权　　　　　　　　(12) 撤销权

(13) 缔约过失责任　　　　　(14) 违约责任

## 重点回顾

### 一、合同的概念与分类

合同是指平等主体的自然人、法人、其他组织之间设立、变更、终止民事权利义务关系的协议。

● 合同的分类（见表 4-1）

表 4-1　合同的分类

| 分类依据 | 类型 | 意义 |
| --- | --- | --- |
| 合同当事双方权利义务的分担方式 | 单务合同 | 有助于确定风险负担、因一方过错所致合同不履行的后果及是否适用同时履行抗辩权 |
|  | 双务合同 |  |

续表

| 分类依据 | 类型 | 意义 |
|---|---|---|
| 当事人是否为取得权利支付了对价 | 有偿合同 | 有助于确定合同当事人的权利义务及违约责任的大小 |
| | 无偿合同 | |
| 合同的成立是否以交付标的物为要件 | 诺成合同 | 有助于确定合同成立时间、标的物的所有权及使用权转移时间以及风险转移时间 |
| | 践成合同 | |
| 法律是否要求合同成立必须符合一定的形式 | 要式合同 | 有助于确定合同是否生效以及何时生效 |
| | 不要式合同 | |
| 合同是否具有从属性 | 主合同 | 有助于明确合同相互间的制约关系 |
| | 从合同 | |
| 法律是否有规范并赋予某类合同特定名称 | 有名合同 | 有助于明确合同的法律适用 |
| | 无名合同 | |
| 当事人订立合同是为谁人利益 | 利己合同 | 有助于明确合同的权利主体 |
| | 利他合同 | |
| 合同条款的设定方式和合同的订立方式 | 格式合同 | 格式合同必须严守法律的强行性规定，否则无效 |
| | 非格式合同 | |

## 二、合同法的概念及基本原则

合同法是调整平等主体之间的财产流转关系的法律规范的总称，主要规范合同的订立、效力、履行、变更、转让、终止、违约责任等关系。

合同法具有财产性、任意性、灵活性和国际性。

合同法的基本原则包括：

（1）意思自治原则。

（2）平等、公平原则。

（3）诚实信用原则。

（4）公序良俗原则。

★意思自治是指当事人取得权利义务或从事民事活动时应基于意志的自由，不受国家权力和其他人的非法干涉。

## 三、合同的订立

### 1. 合同订立的概念以及合同的内容与形式

合同订立是指缔约方为达成协议而进行的接触、谈判磋商、达成合意的全过程，是动态行为与静态协议的统一。

合同内容一般包括：当事人的姓名或者名称和住所、标的、数量、价款或报酬、质量、违约责任等，一般第二项至第四项是不可或缺的。

合同的形式可以是口头形式、书面形式、行为默示形式甚至其他形式。

### 2. 格式条款的效力

格式条款是指一方当事人为了重复使用而预先拟定，并在订立合同时未与对方协商的条款。

采用格式条款订立合同的，提供格式条款一方应遵循公平原则确定双方的权利义务，并采取合理的方式提示对方注意免除或者减轻其责任等与对方有重大利害关系的条款，按照对方的要求，对该条款予以说明，否则合同相对方有权请求法院撤销有关条款。

如果格式条款具有法律规定的合同无效的情形，该条款无效，包括：双方虚假行为、违反法律或者行政法规的强制性规定、违反公序良俗、恶意串通损害他人利益、一方规定的造成对方人身损害或者因故意或重大过失造成对方财产损失的免责条款；或提供格式条款一方不合理地免除或减轻其责任、加重对方责任、限制对方主要权利的；或提供格式条款一方排除对方主要权利的。

**3. 合同订立程序**

合同的订立包括要约和承诺两个阶段。

要约是希望与他人订立合同的意思表示，是要约人向相对人发出的，内容具体和确定的，表明一旦受要约人承诺合同即成立的意思表示。

承诺是指受要约人同意要约的意思表示。承诺须由受要约人作出，其内容应与要约的内容一致，且必须在承诺期限内作出。

要约和承诺过程见图 4-1。

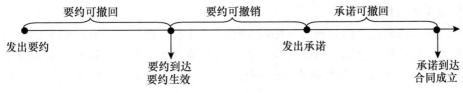

**图 4-1 要约和承诺**

● 注意事项

（1）要约的撤回、撤销通知和承诺的撤回通知必须在图 4-1 的同一区间内到达相对人，例如，要约的撤销通知需在受要约人的承诺发出前到达受要约人。

（2）要约既可撤回也可撤销，承诺只可以撤回不可以撤销，因为承诺一旦到达要约人，合同即成立。

**4. 合同成立的时间与地点**

原则上承诺生效的时间即为合同成立的时间，要式合同的成立时间为完成特定手续的时间。当事人采用合同书形式订立合同的，自当事人均签名、盖章或者按指印时合同成立。在签名、盖章或者按指印之前，当事人一方已经履行主要义务，对方接受时，该合同成立。法律、行政法规规定或者当事人约定合同应当采用书面形式订立，当事人未采用书面形式但是一方已经履行主要义务，对方接受时，该合同成立。

原则上承诺生效的地点即为合同成立的地点。而法律规定或者当事人约定采用特定形式成立合同的，特定形式的完成地点为合同成立的地点。

**四、合同的效力**

**1. 合同的生效**

合同生效是指已成立的合同在当事人之间开始发生法律效力。

合同的生效要件有：（1）缔约主体有相应的民事行为能力；（2）意思表示真实；

（3）不违反法律、行政法规的强制性规定和公序良俗；（4）标的确定与可能。

● 合同成立与合同生效

（1）成立是一种事实判断，而生效是一种价值判断。

（2）一般情况下合同成立即生效，在特殊情况下，合同成立不一定生效。

（3）与合同成立相对的是合同不成立，与合同生效相对的是合同无效、可撤销、效力待定。

**2. 合同的无效**

合同无效是指因欠缺生效要件而致合同不产生法律效力，是当然、绝对、自始的无效。

导致合同无效的情形有：（1）无民事行为能力人实施的民事法律行为无效。（2）行为人与相对人以虚假的意思表示实施的民事法律行为无效。（3）合同违反法律、行政法规的强制性规定，但是该强制性规定不导致该合同行为无效的除外。（4）合同违背公序良俗。（5）行为人与相对人恶意串通，损害他人合法权益。（6）合同中以下免责条款无效：①造成对方人身损害的；②因故意或者重大过失造成对方财产损失的。

★合同中的争议解决条款不因合同无效而当然无效。

**3. 合同的可撤销**

合同的可撤销是指因欠缺一定生效要件，其有效与否取决于有撤销权的一方当事人是否行使撤销权，合同一旦被撤销就有溯及力地自始无效，撤销权人在法律规定的期限内不行使撤销权或不明确表示或不以自己的行为表示放弃撤销权的，合同自始有效。

导致合同可撤销的情形有：（1）重大误解；（2）显失公平；（3）欺诈、胁迫。

**4. 合同的效力待定**

合同效力待定是指已成立的合同因欠缺一定的生效要件，其生效与否尚未确定，须经补正方可生效。

效力待定的主要情形有：（1）限制民事行为能力人以自己名义订立的依法不能独立订立的合同；（2）无权代理人（不构成表见代理）订立的合同。

效力待定的，相对人可以催告法定代理人、被代理人、权利人在30天内予以追认。未做表示的，视为拒绝追认。行为人实施的行为被追认之前，善意相对人有撤销的权利，撤销以通知方式作出。

**5. 附条件合同和附期限合同**

附条件合同是指当事人约定把一定条件的成就作为效力发生或终止的根据的合同。所附条件必须是尚未发生并且不能确定将来是否发生的、合法的事实。

附期限合同是指当事人约定以一定期限的届至作为效力发生或终止的根据的合同。期限是将来确定会到来的、合法的事实。

**五、合同的履行**

合同履行是指当事人按照约定全面履行自己义务的行为过程，是债务人全面、适当地完成其所担负的义务与合同债权人的合同债权得到完全实现的统一。

**1. 合同履行中的抗辩权**

ⅰ. 同时履行抗辩权

同时履行抗辩权又称不履行抗辩权，是指当事人互负债务且没有先后履行顺序的，一方当事人在对方当事人作出对待给付之前，有拒绝履行自己的合同义务的权利。

成立要件包括：（1）同一双务合同互负债务。一方履行的义务和对方履行的义务之间互为条件，互相牵连。（2）双方互负债务均已届履行期，且无先后履行顺序。（3）对方当事人未履行。（4）对方的对待履行是可能的。

ⅱ. 不安抗辩权

不安抗辩权是指在同一双务合同中，应当先履行义务的当事人有确切证据证明对方届时有丧失或可能丧失履行能力的情形时，在其作出对待给付或提供适当担保前有权拒绝自己给付。

成立要件包括：（1）双方因同一双务合同互负义务；（2）当事人一方有先履行义务且已至履行期；（3）后履行一方有丧失或可能丧失履行能力的情况；（4）后履行义务的一方没有对待给付或提供担保。

ⅲ. 先履行抗辩权

先履行抗辩权是指在双务合同中应当先履行的一方当事人没有履行合同义务或者履行不符合约定的，后履行一方有拒绝履行自己义务的权利。

成立要件包括：（1）当事人因同一双务合同互负义务；（2）履行义务有先后顺序；（3）先履行一方到期未履行或未适当履行合同义务。

● 注意事项

（1）同时履行抗辩权适用于双务且没有先后履行顺序的合同，不安抗辩权和先履行抗辩权仅适用于双务且有先后履行顺序的合同。

（2）抗辩权不具有消灭对方请求权的效力，不是免除抗辩权人的合同义务，而是指抗辩权人有权有条件地拒绝履行合同义务，一旦抗辩事由消灭，应恢复履行。

**2. 合同履行的保全**

ⅰ. 债权人的代位权

债权人的代位权是指债务人怠于行使其债权或者与该债权有关的从权利，影响债权人的到期债权实现的，债权人可以向人民法院请求以自己的名义代位行使债务人对相对人的权利，但是该权利专属于债务人自身的除外。

成立要件包括：（1）债务人享有对相对人的债权。（2）债务人怠于行使其对相对人的债权。债务人对相对人的债权已经到期、能行使而不行使，不行使会使之消灭或丧失。（3）债务人的债务履行已构成迟延。（4）债务人怠于行使权利的行为危害了债权人的债权。

代位权须由债权人以自己的名义通过人民法院行使。

ⅱ. 债权人的撤销权

债权人的撤销权是指对债务人实施的以财产为标的且危及债权人债权实现的行为，债权人有请求人民法院撤销的权利。

成立要件包括：（1）债务人实施了以财产为标的并危害债权人债权实现的行为，包括减少财产或增加财产上的负担；（2）对于无偿行为，不论债务人主观的善恶意，对于有偿行为，债务人需为恶意。

债权人需通过人民法院行使撤销权。

### 六、合同的变更、转让与终止

**1. 合同的变更**

合同可以通过合同当事人协议变更（协议变更）。在法定情形下，如发生不可抗力时，合同内容也可发生变更（法定变更）。对于可撤销合同，当事人可请求人民法院或仲裁机构裁决变更（裁决变更）。

合同变更生效后，变更部分原有债权债务关系消灭，未变更部分仍然有效，已履行部分不受影响。

**2. 合同的转让**

合同债权人可以将债权的全部或部分转让给第三人，无须经债务人同意，但应通知债务人。未通知债务人的，该转让对债务人不发生效力。合同权利一经转让，则从权利、抗辩权、抵销权一同转让。

合同债务人也可以将合同义务全部或部分转移给第三人，但须经债权人同意。合同义务一经转移，从债务、抗辩权一同转移。

合同当事方也可将权利和义务一并转移给第三人。协议概括转移，须经合同对方同意；法定概括转移，如法人合并、被继承人订立合同后死亡等，受让人取代原合同一方当事人的法律地位。

● 合同转让的限制

根据合同性质不可转让的、当事人约定不能转让的、依照法律规定不得转让的合同权利不得转让，义务不得转移。

**3. 合同的终止**

合同的终止是指当事人之间的权利义务关系消灭。

● 合同终止与合同的中止履行

中止履行是指债务人依法行使抗辩权，拒绝债权人的履行请求，使合同的权利义务暂时处于停止状态。在中止期间，权利义务依然存在，抗辩权消灭后，合同权利义务恢复原来的效力。而合同终止则直接导致当事人之间的权利义务消灭，合同不再存在，请求权丧失，也就不可能继续恢复履行。

合同终止的原因：债务已按约履行；合同解除；债务相互抵销；债务人依法将标的物提存；债权人免除债务；债权债务同归一人（混同）；法律规定或当事人约定终止的其他情形。

● 合同的解除，包括协议解除、约定解除、法定解除。

抵销是指合同当事人互负债务，在到期后，各以其债权抵偿所负债务的行为。抵销包括法定抵销和约定抵销。法定抵销需要满足的条件包括：双方互负债务，互享债权；双方债务的给付为同一种类；主动债权已届清偿期；双方的债务均为可抵销的债务。

提存是指由于债权人的原因致使债务人难以履行债务时，债务人将该标的物提交给提存机关，终止合同的权利义务关系。

免除是指债权人向债务人表示放弃其债权，从而消灭合同关系。

混同是指债权与债务同归于一人而使合同关系消灭。

## 七、合同责任

### 1. 缔约过失责任

缔约过失责任是指在缔约过程中，缔约人因违反法律规定、违背诚信原则，致使合同未能成立，并给对方造成损失而承担的损害赔偿责任。

缔约过失责任的构成要件包括：（1）缔约一方违反先合同义务；（2）相对方受到合理的信赖利益损失或（和）人身、财产等固有利益损失；（3）违反先合同义务的行为与损失之间存在因果关系；（4）违反先合同义务的一方有过错。

● 缔约过失责任与违约责任

后者以合同的有效成立为基础，前者以合同未能有效成立为基础。后者救济的是履行利益，而前者救济的是信赖利益。

### 2. 违约责任

违约责任是指合同当事人因不履行合同义务或履行合同义务但不符合约定而应承担的法律后果。依《中华人民共和国民法典》（以下简称《民法典》）的规定，违约责任不需要违约方存在过错（严格责任原则）。

违约行为有预期违约、完全不履行、延迟履行、瑕疵履行、不适当履行几种形式。

违约责任可以因不可抗力、债权人过错、货物本身的自然属性和损耗等法定原因免除，也可因合同当事人在合同中事先约定的原因免除。

违约责任的承担形式有：（1）继续履行；（2）赔偿损失；（3）支付违约金；（4）支付定金；（5）其他补救措施，如修理、重作、更换、退货、减少价款或者报酬等。

## 练习题

### 1. 名词解释

（1）践成合同

（2）要约

（3）格式条款

（4）附条件合同

（5）不安抗辩权

### 2. 单项选择题

（1）下列属于从合同的有（　　）。

  A. 借款合同      B. 借用合同

  C. 买卖合同      D. 抵押合同

（2）受要约人超过承诺期限发出承诺的，除要约人及时通知受要约人该承诺有效的以外，（　　）。

  A. 为新要约      B. 为原要约

  C. 为新承诺      D. 既不为新要约，也不为承诺

（3）债务人提前履行给债权人增加的费用，由（　　）负担。

  A. 债权人      B. 债务人

C. 债权人和债务人共同　　　　　D. 无法确定

(4) 定金的数额由当事人约定，但不得（　　）。

　　A. 少于合同标的额的 10%　　　　B. 超过合同标的额的 10%

　　C. 少于合同标的额的 20%　　　　D. 超过合同标的额的 20%

(5) 合同法律不适用于（　　）。

　　A. 出版合同　　　　　　　　　　B. 收养合同

　　C. 土地使用权合同　　　　　　　D. 质押合同

(6) 合同权利义务的终止是指（　　）。

　　A. 合同的变更　　　　　　　　　B. 合同的消灭

　　C. 合同效力的中止　　　　　　　D. 合同的解释

(7) 债务人欲将合同的义务全部或者部分转移给第三人，则（　　）。

　　A. 应当通知债权人　　　　　　　B. 应当经债权人同意

　　C. 不必经债权人同意　　　　　　D. 不必通知债权人

(8) 债权人吴某下落不明，债务人王某难以履行债务，遂将标的物提存。王某将标的物提存后，该标的物如果因意外毁损灭失，其损失应由（　　）。

　　A. 吴某承担　　　　　　　　　　B. 王某承担

　　C. 吴某和王某共同承担　　　　　D. 提存机关承担

(9) 关于代位权行使的要件，不正确的表述是（　　）。

　　A. 债权人与债务人之间有合法的债权债务存在

　　B. 债务人对第三人享有到期债权

　　C. 债务人怠于行使其权利，并且债务人怠于行使权利的行为有害于债权人的债权

　　D. 债权人代位行使的范围是债务人的全部债权

(10) 甲与乙订立了合同，约定由丙向甲履行债务，现丙履行的行为不符合合同的约定，甲有权请求（　　）。

　　A. 丙承担违约责任　　　　　　　B. 乙承担违约责任

　　C. 乙和丙承担违约责任　　　　　D. 乙或者丙承担违约责任

(11) 王某，15 周岁，智力超常，大学三年级学生。王某因有某项发明而与刘某达成转让该发明的协议，该转让协议的效力如何？（　　）。

　　A. 有效　　　　　　　　　　　　B. 效力待定

　　C. 无效　　　　　　　　　　　　D. 可撤销

(12) 某厂厂长甲欲将一套住房以 80 万元出售，乙找到甲，并出价 50 万元，甲拒绝。乙于是说："我手里有你贪污的证据，你不同意卖房我就告你。"甲信以为真，同意以 50 万元将住房卖给乙。但实际上，乙并没有掌握任何证据。该房屋买卖合同的效力如何？（　　）。

　　A. 存在欺诈行为，属于可撤销的合同

　　B. 存在胁迫行为，属于可撤销的合同

　　C. 存在乘人之危的行为，属于可撤销的合同

　　D. 存在重大误解，属于可撤销的合同

(13) 张某和王某签订了一份买卖合同，合同采用书面形式。双方在甲地谈妥主要合同条款，张某于乙地在合同上签字，王某于丙地在合同上签字，合同在丁地履行。合同的成立地点为（　　）。

    A. 甲地　　　　　　　　　　B. 乙地

    C. 丙地　　　　　　　　　　D. 丁地

(14) 腾飞公司开发了一款商业软件，在软件的安装程序中声明："本软件可能存在风险，继续安装视为同意自己承担一切风险。"而且，只有同意该声明才可继续安装。甲购买了该软件，成功安装后发现该安装程序导致系统文件被错误删除，并最终导致系统瘫痪，电脑内保存的重要资料全部丢失。以下哪种说法是正确的？（　　）。

    A. 安装程序中的该条声明属于格式条款，可撤销

    B. 因为甲接受了该声明，因而腾飞公司免责

    C. 甲有权要求腾飞公司承担赔偿责任

    D. 甲可以同时提起侵权之诉和违约之诉

(15) 甲、乙签订了一份货物买卖合同，约定甲先付款，乙两个月后交付货物。由于资金周转困难，甲未能如期交付全部货款，只交付了一半货款，并答应尽快付清余款。两个月后，甲尚未付清余款，乙因此拒绝交付货物。下列哪一表述是正确的？（　　）。

    A. 乙对甲享有同时履行抗辩权

    B. 乙对甲享有不安抗辩权

    C. 乙有权拒绝交付全部货物

    D. 乙有权拒绝交付与剩余价款价值相当的货物

**3. 多项选择题**

(1) 要约拘束力的具体表现有（　　）。

    A. 要约人不得随意撤回要约

    B. 要约人不得随意变更要约的内容

    C. 受要约人必须在合理的期限内作出承诺

    D. 受要约人享有对要约人作出承诺的权利

    E. 受要约人必须对要约作出承诺

(2) 可撤销的合同包括（　　）。

    A. 以合法形式掩盖非法目的的合同

    B. 因重大误解而订立的合同

    C. 在订立合同时显失公平的合同

    D. 一方以欺诈、胁迫的手段，使对方在违背真实意思的情况下订立的合同

    E. 恶意串通，损害国家、集体或第三人利益的合同

(3) 根据《民法典》的规定，对要约的内容做实质性变更包括（　　）。

    A. 对合同的标的、数量、质量的变更

    B. 对合同履行期限的变更

    C. 对合同的违约责任和解决争议方法的变更

    D. 对合同中的价款或者报酬的变更

    E. 对合同履行地点、方式的变更

(4) 下列有关双务合同抗辩权的陈述，正确的是（　　　）。

    A. 双务合同抗辩权包括同时履行抗辩权、先履行抗辩权和不安抗辩权

    B. 双务合同抗辩权的行使将导致合同的消灭

    C. 双务合同抗辩权可以适用于赠与合同

    D. 同时履行抗辩权可以适用于连带之债

    E. 双务合同抗辩权是一时的抗辩权、延缓的抗辩权

(5) 实际履行的构成条件包括（　　　）。

    A. 必须有违约行为存在

    B. 必须由非违约方在合理的期限内提出继续履行的请求

    C. 可以由违约方在合理的期限内提出继续履行的请求

    D. 实际履行在事实上是可能的和在经济上是合理的

    E. 必须依据法律和合同的性质能够履行

(6) 下列选项中属于格式合同的有（　　　）。

    A. 公共汽车票

    B. 中国移动入网许可协议

    C. 甲公司与乙公司订立的计算机软件开发协议

    D. 酒店告示"谢绝自带酒水"

(7) 下列合同无效的是（　　　）。

    A. 王某为庆丰公司股东兼董事长，因与另一股东李某发生纠纷，便擅自以庆丰公司的名义将该公司名下的"庆丰"商标转让到自己名下

    B. 吴某因赌博欠款与孙某订立协议，表示自己愿意到孙某的公司工作，工资抵作吴某的赌博欠款

    C. 刚满7周岁的徐某之子酷爱网络游戏，瞒着徐某与某网吧签订协议，愿意将自己的一只名贵手表作为其连续上网一个月的上网费

    D. 许某家庭遭遇变故，丈夫在车祸中丧生，留下每月1万余元的房贷无力偿还，许某无奈之下将祖传古董低价卖给商人王某

(8) 下列说法正确的是（　　　）。

    A. 老王向其儿子小王承诺表示，只要小王18岁成人，就送他一辆轿车。这属于附期限的合同

    B. 老王向其儿子小王承诺表示，只要小王高考考进一本分数线，就送他一辆轿车。这属于附条件的合同

    C. 老王向其儿子小王提出，只要小王能在2026年之前给他生个孙子，就送给小王一家一套房。这属于附期限的合同

    D. 老王不喜欢邻居老李家养的大黄狗，便对村里的年轻人许某说，只要许某能把那只大黄狗杀了，就给他100元钱。这属于附条件的合同

(9) 李某准备买房，向张某借款100万元。此前，薛某曾欠李某50万元。下列选项正确的是（　　　）。

A. 若张某将其对李某的 100 万元债权转让给薛某，需通知李某，并得到李某的同意

B. 若李某要将其对张某的 100 万元债务转让给王某，需得到张某的同意

C. 张某若将其对李某的 100 万元债权转让给薛某，可以抵销薛某所欠李某的 50 万元

D. 张某若将其对李某的 100 万元债权转让给薛某，而薛某曾拖欠李某两台机器设备，则该 100 万元债权能直接抵偿设备

**4. 案例题**

(1) 甲公司与乙工厂洽商成立一个新公司，双方草签了合同。甲公司要将合同带回本部加盖公章，临行前，甲公司的法定代表人提出，乙工厂须先征用土地并培训工人后甲公司方能在合同上盖章。乙工厂出资 1 000 万元征用土地并培训工人。征地和培训工人将近完成时，甲公司提出因市场行情变化，无力出资设立新公司，要求终止与乙工厂的合作。乙工厂遂起诉到法院。

问题：

①甲公司与乙工厂之间的合同是否成立？为什么？

②甲公司应承担什么责任？为什么？

③乙工厂能否要求甲公司赔偿 1 000 万元的损失？为什么？

(2) A 县甲公司与 B 县乙公司于 7 月 3 日签订了一份合同。合同约定甲公司向乙公司购进 100 台空调，每台空调单价为 2 000 元，乙公司负责在 B 县代办托运，甲公司在货到后立即付款。同时约定若发生纠纷，由合同履行地的法院管辖。乙公司 7 月 18 日在 B 县火车站发出了该 100 台空调。甲公司因资金周转困难于 7 月 19 日传真告知乙公司自己将不能履行合同。乙公司收到传真后，努力寻找新买家，于 7 月 22 日与 C 县丙公司签订了该 100 台空调的购销合同。合同约定：丙公司买下这 100 台托运中的空调，每台单价为 1 900 元，丙公司于订立合同时向乙公司支付 10 000 元定金，在收到货物 15 天内付清全部货款；在丙公司付清全部货款前，乙公司保留对空调的所有权；如有违约，违约方应承担合同总价款 20% 的违约金。乙公司同时于当日传真通知甲公司与之解除合同。7 月 23 日运输过程中发生泥石流，30 台托运中的空调被毁损。丙公司于 7 月 26 日收到 70 台完好的空调后，又与丁公司签订合同准备将这 70 台空调全部卖给丁公司。同时丙公司以未能如约收到 100 台空调为由拒绝向乙公司付款。

问题：

①乙公司在与甲公司的合同履行期届满前解除合同的理由是什么？在解除合同的前提下，乙公司能否向甲公司主张违约责任？

②假设甲公司以乙公司解除合同构成违约为由向法院起诉，要向哪个法院起诉？为什么？

③因遭遇泥石流而被毁损的空调的损失应由谁来承担？为什么？

④乙公司认为丙公司拒绝付款构成违约，决定不返还其定金，还要求其支付 36 000 元违约金。该主张是否应获得支持？为什么？

⑤丙公司与丁公司所签订合同的效力如何？为什么？

　　（3）永和房地产公司（以下简称"永和公司"）投资开发建设一栋商住两用写字楼。明泰公司因业务扩展以及投资需要，准备购买该楼五层 1 000 平方米用作办公室。由于永和公司的房屋销售手续未办理完毕，而明泰公司又急于使用，双方签订了购房合同，合同文本由永和公司提供，约定购房款为 500 万元。明泰公司支付首付款 100 万元后，即开始装修。永和公司承诺于一年内办理完售房手续，与明泰公司签订正式商品房买卖合同，由明泰公司向银行借款支付余款。合同中约定：明泰公司在任何情况下都不得毁约，否则已经支付的房款不予退还。两年后，明泰公司向永和公司催办房产证，被告知永和公司因涉嫌非法集资被相关部门查处，因此无法签订正式合同。明泰公司遂要求永和公司退还已付的 100 万元，永和公司表示无法偿还。但据明泰公司了解，永和公司有一笔对兴业公司的 300 万元债权已到期，但永和公司不积极追要。

　　请问：本案例主要涉及哪些法律问题？

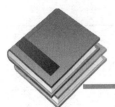

第五章

# 担保法

## 教学大纲

通过本章的学习，了解担保的概念和特征，熟悉我国法律中几种基本的担保类型，包括保证、抵押、质押、留置和定金，以及每种担保的基本制度。

## 重要概念

(1) 担保         (2) 保证

(3) 抵押         (4) 质押

(5) 留置         (6) 定金

## 重点回顾

### 一、担保的概念与分类

担保是指法律为保证特定债权人利益的实现而特别规定的以第三人的信用或者以特定财产保障债务人履行义务，保证债权人实现债权的制度。

担保的特点：(1) 担保地位的从属性；(2) 担保履行的条件性；(3) 担保设立上的自愿性；(4) 担保债权的特定性；(5) 担保的财产权性质。

● 担保的分类（见表 5-1）

表 5-1　担保的分类

| 分类标准 | 类型 |
| --- | --- |
| 设定担保的方式 | 法定担保 |
| | 约定担保 |
| 担保的目的 | 本担保 |
| | 反担保 |

续表

| 分类标准 | 类型 |
|---|---|
| 担保标的 | 人的担保 |
|  | 物的担保 |
| 提供担保的主体 | 债务人担保 |
|  | 第三人担保 |

### 二、保证

保证是指债务人以外的第三人以其信用向债权人保证债务人履行债务，当债务人不履行债务时，由保证人按照约定履行债务或承担责任的行为。

**1. 保证合同**

保证合同是为保障债权的实现，保证人和债权人约定，当债务人不履行到期债务或者发生当事人约定的情形时，保证人履行债务或者承担责任的合同。保证合同是一种要式（书面）、诺成、单务、有名的从合同。

**2. 保证人的主体资格**

ⅰ. 债权人

保证合同的债权人即为主债的债权人。

ⅱ. 保证人

保证人是指在保证合同中约定，当债务人不履行债务时，由其按照约定履行债务或承担保证责任的一方当事人。

保证人可以是自然人、法人或者非法人组织。机关法人、非营利法人、非法人组织不得为保证人。

保证人必须是债务人之外的第三人。因为性质使然，保证是建立在第三人信用之上的担保方式。保证人的资格不以民事主体具有完全的代偿能力为必要条件。

**3. 保证方式**

按照保证人承担保证责任的方式，保证可以分为一般保证和连带责任保证两种。一般保证是指保证人仅对债务人不履行债务负补充责任的保证；连带责任保证是指保证人在债务人不履行债务时，与债务人负连带责任的保证。

● 一般保证和连带责任保证的区别（见表 5－2）

表 5－2　一般保证和连带责任保证的区别

| 区别 | 一般保证 | 连带责任保证 |
|---|---|---|
| 成立或发生原因 | 没有约定或约定不明 | 当事人约定 |
| 权利内容 | 保证人有先诉抗辩权 | 保证人无先诉抗辩权 |
| 担保力度 | 弱 | 强 |

**4. 保证责任**

保证责任是指保证人依据保证合同或法律规定所承担责任的范围。其范围包括：（1）主债权；（2）利息；（3）违约金；（4）损害赔偿金；（5）实现债权的费用。

在法律规定或者当事人约定的保证人承担保证责任的时间期限内，如果债权人没有行使权利，保证责任即被免除，这一期间被称为保证责任期间。

● 注意事项

保证责任期间是除斥期间。

当事人可以自由约定保证期间。若没有约定，则推定为主债务履行期限届满之日起6个月。

● 主合同变更转让对保证责任的影响

主合同变动未经保证人同意的，一般情况下，保证人仍应在原有的范围内继续承担保证责任。如果减轻了保证人的责任，则保证人承担变更后的保证责任。

● 同一债权上同时存在保证和第三人物保时，物保对保证的影响

（1）保证和第三人的物保共存，保证和第三人的物保同等。

（2）保证和债务人提供的物保共存，物保优先于保证。

（3）物保无效、被撤销或无法实现，保证仍然有效。

（4）债权人放弃物保或因怠于行使担保物权导致担保物权减损的，保证人在相应范围内免责。

### 三、抵押

抵押是指在债务人或第三人不转移对财产的占有的情况下，以特定的财产作为履行合同的担保，当债务履行期届满债务人不履行债务时，债权人有权依法律的规定以该财产折价或以拍卖、变卖该财产的价款优先受偿。

**1. 抵押权的标的**

依法设定抵押的财产可以是不动产、动产。但《民法典》对不同财产的抵押权的设立进行了某些限制：

（1）以建筑物抵押的，该建筑物占用范围内的建设用地使用权一并抵押。以建设用地使用权抵押的，该土地上的建筑物一并抵押。

（2）以依法获准但尚未建造的或正在建造中的房屋或其他建筑物抵押的，如果当事人办理了抵押登记，法院可认定抵押有效。

抵押人所担保的债权超出其抵押物价值的，超出部分不具有优先受偿的效力。财产抵押后，该财产的价值大于所担保债权的余额部分，可以再次抵押。

以不动产抵押的，抵押权自登记时设立。以动产抵押的，抵押权自抵押合同生效时设立，登记为抵押权的对抗要件；未经登记，不得对抗善意第三人。

**2. 抵押权的效力**

抵押担保的范围与保证责任的范围相同。

除抵押物本身外，抵押权的效力还及于抵押物的从物或从权利、孳息和代位物。

● 抵押物出租对抵押效力的影响

在抵押权设立前，抵押财产已经出租并转移占有的，原租赁关系不受抵押权的影响。先抵押，后租赁，租赁合同有效，租赁不影响抵押权的实现。

● 抵押物转让对抵押效力的影响

抵押物登记后转让的，抵押权可以对抗受让人。抵押人转让抵押财产的，应当及时通知抵押权人。抵押权人能够证明抵押财产转让可能损害抵押权的，可以请求抵押人将

转让所得的价款向抵押权人提前清偿债务或者提存。

**3. 抵押权的实现**

抵押权实现的方式有折价、拍卖、变卖三种。

● 重复抵押时抵押权的实现

(1) 抵押合同已登记生效的，按照抵押物登记的先后顺序清偿；顺序相同的，按照债权比例清偿。

(2) 抵押权已登记的先于未登记的受偿。

(3) 抵押权未登记的，按照债权比例清偿。

● 注意事项

抵押权自登记时生效还是自抵押合同签订之日起生效，取决于抵押权的标的是不动产还是动产；抵押权实现的先后顺序取决于是否登记、登记的先后顺序或合同生效的先后顺序、债权比例。

## 四、质押

**1. 概述**

质押是指债务人或第三人将其出质的财产移交给债权人占有，以该财产作为债权的担保，当债务人不履行债务或者发生当事人约定的实现质权的情形时，债权人有权以该财产折价或以拍卖、变卖该财产的价款优先受偿。

质押合同是指因出质人以质物为债务人履行债务提供担保而由出质人与质权人订立的明确相互间权利义务关系的协议。质押合同是要式合同、单务合同、从合同、有名合同。质权的成立要求标的的转移。

**2. 质权的标的**

依质权标的的性质，我们可以将质押分为动产质押和权利质押，因而动产和权利都可以作为质权的标的。

以票据、基金份额、股权、知识产权中的财产权、应收账款出质的，对于生效条件等问题有特别的规定。

**3. 质权人的权利和义务**

质权人享有的权利包括：(1) 占有质物；(2) 收取孳息；(3) 排除质权受侵害；(4) 转质权；(5) 出卖质物；(6) 转让质权；(7) 费用偿还请求权；(8) 优先受偿权。

● 注意事项

一是转质权。在质权存续期间，质权人为担保自己的债务，在原质权所担保的债权范围内，经出质人同意，可以再行设置质权，转质权的效力优先于原质权。未经出质人同意的转质无效，质权人对因转质而发生的损害承担赔偿责任。

二是优先受偿的权利。要注意的是，在权利质押中，若作为质权标的的权利优先于担保债务到期，质权人有权请求提存或提前清偿担保的债权。

质权人负有的义务包括：(1) 保管质物；(2) 禁止处分；(3) 返还质物或权利证书。

**4. 质押的效力**

质押担保的范围包括主债权及利息、违约金、损害赔偿金、质物保管费用和实现质权的费用。质押合同另有约定的，按约定。

质权标的的范围包括：（1）供担保的质物或权利本身；（2）质物的从物；（3）质物的孳息；（4）代位物。

### 五、留置

**1. 概念**

留置是指债务人不履行到期债务，债权人对其合法占有的债务人的动产有权依法律规定留置，以该财产折价或以拍卖、变卖该财产的价款优先受偿。

● 注意事项

（1）留置权是一种法定担保物权。

（2）留置权以债权人占有标的为条件。

（3）留置权所担保的是债权的全部。

（4）留置权的行使要求被担保债权已届清偿期，未受偿，且经过一段时间。

**2. 留置权的效力和实现**

留置权人的权利包括：（1）占有留置物的权利；（2）费用偿还请求权；（3）收取孳息的权利；（4）优先受偿的权利。

留置权人负有保管留置物、返还留置物的义务。

留置权在担保范围、标的的范围、实现的形式方面与质权类似。

留置权的行使条件包括：（1）被担保的债权已届清偿期而未能受偿；（2）必须经过一定的期间。

### 六、定金

**1. 概述**

违约定金是指合同当事人约定的，为确保合同的履行，由一方当事人在法律规定的范围内预先向另一方当事人交付的一定款项。类似的还有证约定金、成约定金、解约定金、立约定金。

定金合同是指双方当事人之间达成的一方向对方给付定金作为债权的担保的协议。定金合同是书面、践成合同。

● 注意事项

定金数额不得超过主合同标的额的 20%，超过的部分无效。

**2. 定金的效力**

给付定金的一方不履行债务的，无权要求返还定金；收受定金的一方不履行债务的，应双倍返还，此即定金罚则。

如果合同的不履行是由不可归责于当事人双方的原因造成的，定金的接受方应返还定金。

## 📁 练习题

**1. 名词解释**

（1）连带责任保证

（2）抵押

（3）质押

（4）留置

（5）解约定金

**2. 单项选择题**

（1）根据担保法律制度的规定，下列各项中，可以为合同债务人的债务履行做保证人的是（　　）。

　　A. 学校　　　　　　　　　　　　B. 医院

　　C. 企业　　　　　　　　　　　　D. 残疾人联合会

（2）甲向乙借款5万元，还款期限为6个月，丙为保证人，约定丙承担保证责任直至甲向乙还清本息为止。丙的保证责任期间应如何计算？（　　）。

　　A. 主债务履行期限届满之日起6个月

　　B. 借款发生之日起2年

　　C. 借款发生之日起6个月

　　D. 主债务履行期限届满之日起2年

（3）甲将所持有的A公司债券交付乙，作为向乙借款的质押物。双方签订了书面质押合同，但未在债券上背书"质押"字样。借款到期后甲未还款。甲的另一债权人丙向法院申请执行上述债券。下列说法哪一个是正确的？（　　）。

　　A. 质押合同无效

　　B. 质权自A公司债券交付乙时设立

　　C. 乙对该债券不享有质权

　　D. 有价证券流转需要背书的，以背书作为质权的生效要件

（4）某工厂购买设备急需一批资金，该工厂与某银行签订了借款合同，并请当地的一家医院出面担保。按照法律规定，该医院（　　）。

　　A. 可以担保　　　　　　　　　　B. 不能担保

　　C. 有足够清偿能力即可　　　　　D. 银行接受即可

（5）甲向乙借款20万元，以其价值10万元的房屋和5万元的汽车设定抵押担保，以1万元的音响设备设定质押担保，同时还由丙为其提供保证担保。其间汽车遇车祸遭受毁损，获保险赔偿金3万元。如果上述担保均有效，丙应对借款本金在多大数额内承担保证责任？（　　）。

　　A. 7万元　　　　　　　　　　　B. 6万元

　　C. 5万元　　　　　　　　　　　D. 4万元

（6）甲欲购买乙的汽车，经协商，甲同意3天后签订正式合同，并先交1 000元给乙，乙出具的收条上写明"收到甲定金1 000元"。3天后，甲获知乙故意隐瞒了该车证照不全的情况，故拒签合同。下列哪种说法正确？（　　）。

　　A. 甲有权要求乙返还2 000元并赔偿在买车过程中受到的损失

　　B. 甲有权要求乙返还1 000元并赔偿在买车过程中受到的损失

　　C. 甲只能要求乙赔偿在磋商买车过程中受到的损失

　　D. 甲有权要求乙承担违约责任

(7) 甲将房屋一间做抵押向乙借款 20 000 元。在抵押期间，知情人丙向甲表示愿以 30 000 元购买甲的房屋，甲也想将抵押的房屋出售。下列哪项是正确的?( )。

　　A. 甲有权将该房屋出售，但须事先告知抵押权人乙

　　B. 甲可以将该房屋出售，不必征得抵押权人乙的同意

　　C. 甲可以将该房屋出售给丙，但应征得抵押权人乙的同意

　　D. 甲无权将该房屋出售，因为房屋已经设立了抵押权

(8) 甲企业与乙银行签订借款合同，借款金额为 10 万元人民币，借款期限为 1 年，丙企业为借款保证人。合同签订 3 个月后，甲企业因扩大生产规模急需资金，遂与乙银行协商，将贷款金额增加到 15 万元。甲企业和乙银行通知了丙企业，丙企业未答复。后甲企业到期不能偿还债务。在该情形下，保证责任应如何承担?( )。

　　A. 丙企业不再承担保证责任，因为甲、乙变更合同条款未得到丙的同意

　　B. 丙企业对 10 万元应承担保证责任，对增加的 5 万元不承担保证责任

　　C. 丙企业应承担 15 万元的保证责任，因为丙对甲、乙的通知未予答复，视为默认

　　D. 丙企业应不再承担保证责任，因为保证合同因甲、乙变更了合同的数额条款而无效

(9) 甲向乙借款 20 万元做生意，由丙提供价值 15 万元的房屋抵押，并订立了抵押合同。甲因办理登记手续费过高，经乙同意未办理登记手续。甲又将自己的一辆价值 6 万元的汽车质押给乙，双方订立了质押合同。乙认为将汽车放在自家附近不安全，遂决定将汽车放在甲处。一年后，甲因亏损无力偿债，乙诉请人民法院要求行使抵押权、质权。本题中，抵押和质押的效力如何?( )。

　　A. 抵押、质押均有效　　　　　　　B. 抵押、质押均无效

　　C. 抵押有效，质押无效　　　　　　D. 质押有效，抵押无效

(10) 下列哪种财产可以抵押?( )。

　　　　A. 自留山使用权　　　　　　　　B. 海域使用权

　　　　C. 某大学的办公楼　　　　　　　D. 宅基地使用权

(11) 2 月 15 日，A 公司与 B 银行就借款事宜达成口头协议，于 3 月 23 日签署了借款合同，并以厂房设定抵押，于 4 月 8 日签订抵押合同，于 5 月 11 日依法办理了抵押登记。该抵押权的设立时间为 ( )。

　　　　A. 2 月 15 日　　　　　　　　　　B. 3 月 23 日

　　　　C. 4 月 8 日　　　　　　　　　　　D. 5 月 11 日

(12) 甲于 2024 年 3 月 5 日向乙借款 10 万元，由丙作为保证人。合同约定：甲应于 2025 年 3 月 5 日之前偿还该借款，未约定保证期间。如果丙为连带责任保证人，则丙承担保证责任的期间应至 ( )。

　　　　A. 2025 年 2 月 1 日　　　　　　B. 2025 年 3 月 5 日

　　　　C. 2025 年 6 月 5 日　　　　　　D. 2025 年 9 月 5 日

(13) 以下符合留置条件的情形为 ( )。

　　　　A. 老王酷爱古董，借邻居老李的明代瓷器赏玩。后老王与老李发生邻里纠纷，老王扣留老李的瓷器不还

B. 小许准备将自己在本地的房屋卖了到外地发展，小许的母亲得知后极力反对，并扣押了小许房屋的房产证，不让其卖房

C. 天宇学校委托大丰印刷厂印刷一批学生指导用书，由于教育局拨款不及时，天宇学校无法按时支付印刷费用，大丰印刷厂扣留了部分指导用书

D. 村民王某受委托照顾李某的一头牛，约定一年后李某支付王某照看费 2 000 元，但李某之后后悔，仅愿意支付 1 000 元。王某扣留牛不还给李某，并不再认真照顾牛，导致牛生病后死亡

(14) 定金不得超过主合同标的额的（　　　）。

A. 20%

B. 25%

C. 30%

D. 35%

### 3. 多项选择题

(1) 甲公司与银行签订借款合同，约定甲公司以自有的流光大厦做抵押，借款 8 000 万元。双方办理抵押手续后，银行发放了贷款。现甲公司在流光大厦的土地上新建了一幢溢彩楼。有关本案中房地产抵押借款合同的下列说法哪些是正确的？（　　　）。

A. 甲公司不履行债务时，银行有权将流光大厦单独拍卖，并由所得价款优先受偿

B. 甲公司在流光大厦的土地上新建的溢彩楼不是抵押财产

C. 甲公司不按期还款时，银行可以将流光大厦和溢彩楼一同拍卖，但只能就流光大厦拍卖所得的价款优先受偿

D. 溢彩楼是在建工程，依照法律规定，不得设置抵押，也不得拍卖转让

(2) 出现下列哪些情况时，一般保证的保证人不得行使先诉抗辩权？（　　　）。

A. 债务人被宣告失踪，且无可供执行的财产

B. 债务人移居国外，但国内有其购买且现由其亲属居住的住宅

C. 债务人被宣告破产，终止执行程序的

D. 保证人曾以书面形式向主合同当事人以外的第三人表示放弃先诉抗辩权

(3) 甲向乙借款 5 万元，并以一台机器做抵押，办理了抵押登记。随后，甲又将该机器质押给丙。丙在占有该机器期间将其交给丁修理，后机器因丙拖欠修理费用而被丁留置。下列说法哪些是正确的？（　　　）。

A. 乙优先于丙受偿

B. 丙优先于丁受偿

C. 丁优先于乙受偿

D. 丙优先于乙受偿

(4) 甲向乙借款 20 万元，甲的朋友丙、丁二人先后以自己的轿车为乙的债权设定抵押担保并依法办理了抵押登记，但都未与乙约定所担保的债权的份额及顺序。两辆轿车均价值 15 万元。若甲到期未履行债务，下列哪些表述是正确的？（　　　）。

A. 乙应先就丙的轿车行使抵押权，再就丁的轿车行使抵押权以弥补不足

B. 乙应同时就两辆轿车行使抵押权，各实现 50% 的债权

C. 乙可以就任意一辆轿车行使抵押权，再就另一辆轿车行使抵押权以弥补不足

D. 乙可同时就两辆轿车行使抵押权，各实现任意比例债权

（5）甲借用朋友乙的自行车数月。在借用期间，甲因急需用钱，向同事丙借200元，并就自行车设定质押，但丙不知此自行车非甲所有。后甲逾期未偿还债务，丙即变卖该自行车实现债权。请问下列哪些表述是正确的？（    ）。

　　A. 因丙不知甲无处分权，故适用善意取得，质权设定有效

　　B. 因甲对自行车无处分权，且质权不适用善意取得，故该质权设定无效

　　C. 甲、丙应共同赔偿乙的损失

　　D. 应由甲单独赔偿乙的损失

**4. 问答题**

（1）设定抵押后，抵押人对抵押物的权利（请以抵押物的转让为主来说明）如何？

（2）抵押权的实现顺序如何？

**5. 案例题**

甲向乙借款3万元，为此，乙要求甲提供相应的担保。甲将其祖传的两幅字画交给乙设定质押。

问题：

（1）在质押期间，丙到乙家串门，发现字画后极其喜爱，乙便将字画以10万元的价格转让给丙。丙能否取得字画？

（2）在质押期间，乙保管不善，弄破了字画。质押效力如何？字画破损责任由谁承担？

（3）在质押期间，一小偷深夜潜入乙家中将字画偷走。质押效力如何？字画被盗的责任应由谁承担？

第六章

# 票据法

 教学大纲

通过本章的学习，了解票据的概念和特征，熟悉我国法律对票据基本制度的规定，包括票据权利、票据行为、票据的抗辩及补救。以汇票为重点，了解实践中主要环节需要注意的法律问题，能合法、正确地使用汇票，并有效防范可能出现的法律风险，了解相关的法律责任。

## 重要概念

(1) 票据　　　　　　　　　　(2) 票据权利

(3) 付款请求权　　　　　　　(4) 追索权

(5) 票据权利的善意取得　　　(6) 票据行为

(7) 出票　　　　　　　　　　(8) 背书

(9) 承兑　　　　　　　　　　(10) 保证

(11) 票据抗辩　　　　　　　 (12) 挂失止付

(13) 公示催告　　　　　　　 (14) 汇票

(15) 本票　　　　　　　　　 (16) 支票

## 重点回顾

### 一、票据法概述

票据是指出票人依据票据法签发的、约定由自己或委托他人于见票时或者确定的日期，向持票人或收款人无条件支付一定金额的有价证券。我国票据法规定的票据种类为汇票、本票和支票。

票据具有文义性、要式性和无因性，是完全有价证券。

（1）文义性。票据所创设的权利义务内容完全依票据上所载文义而定，而不能进行任意解释或者根据票据以外的任何其他文件确定。

（2）要式性。要式性是指票据行为必须依法定方式进行，才能产生正常的法律效力的特性。

（3）无因性。票据上的法律关系只是单纯的金钱支付关系，权利人享有票据权利只以持有票据为必要，至于这种支付关系的原因或者说权利人取得票据的原因均可不问，即使这种原因关系无效，对票据关系也不产生影响。

票据法是规定票据的种类、签发、转让和票据当事人的权利及义务等内容的法律规范的总称。票据法具有技术性和国际统一性，是一种强行法。

**1. 票据法上的法律关系**

票据法上的法律关系分为票据关系和票据法上的非票据关系。

票据关系是指当事人间基于票据行为而发生的债权债务关系，也称票据上的关系。票据关系中的权利即票据权利。

票据法上的非票据关系是票据法所规定的，但不是基于票据行为直接发生的法律关系。

**2. 票据法上的当事人**

票据法上的当事人包括基本当事人和非基本当事人。前者是指在票据发行时就已存在的当事人，包括出票人、收款人与付款人；后者指在票据发出后通过各种票据行为加入票据关系中成为票据当事人的人，如背书人、保证人、参加付款人、预备付款人等。

**3. 票据的基础关系**

原因关系，是指票据的当事人之间交付票据的理由。

票据预约关系，是指票据当事人在收受票据之前，就票据的种类、金额、有效期间、地点等事项达成的协议。

资金关系，是指存在于汇票出票人与付款人之间、支票出票人与银行之间的基础关系。

**二、票据权利与票据行为**

票据权利是指持票人向票据债务人请求支付票据金额的权利，包括付款请求权和追索权。

付款请求权是票据的第一次权利，即持票人请求付款人按票据金额支付款项的权利。

追索权是在第一次请求未果后的再次请求，是指持票人行使付款请求权遭到拒绝承兑或拒绝付款时，或有其他法定事由请求付款未果时，向其前手请求支付票据金额的权利。追索权的追索对象视票据种类的不同，可以包括出票人、背书人、保证人、承兑人和参加承兑人中的全部或部分。

**1. 票据权利的取得**

票据权利的取得包括原始取得和继受取得，其内涵见图6-1。

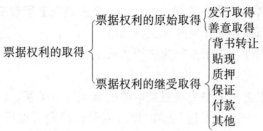

图 6-1　票据权利的取得

● 票据权利的善意取得

票据权利的善意取得是指票据受让人善意或无重大过失，从无权利人手中受让票据，从而取得票据权利。善意取得必须具备下述五个要件：

（1）从无处分权人处取得票据；

（2）受让人为善意或无重大过失；

（3）受让人依票据法规定的转让方式取得票据；

（4）付出相当代价而取得票据；

（5）受让人能够依背书连续证明自己为合法持票人。

**2. 票据权利的行使和保全**

票据权利的行使是指票据权利人向票据债务人提示票据请求履行票据债务的行为。狭义的票据权利行使是指请求付款（行使付款请求权）、进行追索（行使追索权）。广义的票据权利行使还包括请求承兑、请求定期付款。

票据权利的保全是指票据权利人为防止票据权利消灭所进行的行为。保全行为包括提示票据、作成拒绝证明、起诉、中断时效等等。

**3. 票据权利的消灭**

票据权利的消灭是指票据上的付款请求权或者追索权因法定事由而归于消灭。使票据权利消灭的事由包括：（1）付款；（2）被追索人清偿票据债务及追索费用；（3）票据时效期届满；（4）票据绝对必要记载事项欠缺；（5）保全手续欠缺。除以上事由外，票据毁灭也使票据权利消灭，民法上一般债权消灭的事由如抵销、混同、提存、免除等也可使票据权利消灭。

**4. 票据权利的瑕疵**（见表 6-1）

表 6-1　票据权利的瑕疵

| 瑕疵 | 效果 |
|---|---|
| 伪造 | 票据上有伪造、变造的签章的，不影响票据上其他真实签章的效力 |
| 变造 | 票据不得更改的其他记载事项被变造的，在变造之前签章的人，对原记载事项负责；在变造之后签章的人，对变造之后的记载事项负责；不能辨别是在票据被变造之前还是之后签章的，视同在票据被变造之前签章 |
| 更改 | 票据金额、日期、收款人名称不得更改，更改的票据无效<br>对票据上的其他记载事项，原记载人可以更改，更改时应当由原记载人签章证明 |

**5. 票据行为**

票据行为是指设立、变更或消灭票据法律关系的合法活动，包括出票、背书、承兑、参加承兑、保证、涂改、禁止背书、付款和参加付款等活动。

### 三、票据抗辩与补救

#### 1. 票据抗辩

票据抗辩是指票据债务人根据票据法的规定，对票据债权人拒绝履行义务的行为。票据抗辩包括物的抗辩和人的抗辩。

一是物的抗辩。是指基于票据本身的内容（票据所记载的事项及票据的性质）而发生的事由所做的抗辩。无论持票人是谁，债务人都可根据票据上所记载的内容进行抗辩，理由可以是票据无效、日期未至、签名不符、金额的大小写不一致、有涂改痕迹等等。

二是人的抗辩。主要是指由于债务人与特定的债权人之间的关系而发生的抗辩。如果持票人不是收款人或不是约定范围的主体，债务人就可以以持票人的资格不符为由，拒绝承兑或付款。

#### 2. 票据丧失的补救

ⅰ. 挂失止付

挂失止付是指持票人丢失票据后，依照票据法规定的程序通知票据上记载的付款人停止支付的行为。

挂失止付的条件包括：（1）被请求挂失止付人，可以包括银行和其他金融机构、公司、企业及个人多种主体；（2）有丢失票据的事实；（3）向付款人本人挂失止付。

ⅱ. 公示催告与诉讼

公示催告是指人民法院根据票据权利人的申请，以向社会公示的方法，将丧失的票据告知各界，催促不明利害关系的有关当事人在一定的期间向法院申报票据权利，如不在规定的期间内申报，就不能以有关的票据权利请求法律保护。

法院受理公示催告后，应当立即通知支付人停止支付，并在通知后 3 日内发出公告，催促国内票据利害关系人在 60 日内申报权利。在公告期间，票据权利被冻结，有关当事人对票据的任何处分均没有法律效力。

### 四、汇票

#### 1. 概述

汇票是由出票人签发的，委托付款人在见票时或者在指定日期无条件支付确定的金额给收款人或者持票人的票据。汇票依据不同的标准，可分为银行汇票和商业汇票、即期汇票和远期汇票、光单汇票和跟单汇票等种类。

银行汇票是指汇款人将款项交存当地银行，由银行签发给汇款人持往异地办理转账结算或支取现金的票据。

商业汇票是收款人或付款人（或承兑申请人）签发的，由承兑人承兑，并于到期日向收款人或被背书人支付款项的票据。按承兑主体不同，商业汇票可分为商业承兑汇票和银行承兑汇票（见图 6-2）。商业承兑汇票是由收款人签发，经付款人承兑，或由付款人签发并承兑的票据。银行承兑汇票是由出票人签发，并由承兑申请人向开户行申请，经银行审查同意承兑的票据。

$$汇票 \begin{cases} 银行汇票 \\ 商业汇票 \begin{cases} 商业承兑汇票 \\ 银行承兑汇票 \end{cases} \end{cases}$$

**图 6-2 汇票的分类**

出票、背书、承兑汇票等活动被称为汇票行为。因汇票行为产生的法律关系被称为汇票法律关系。在汇票法律关系中享有票据权利和承担票据责任者被称为汇票当事人，享有票据权利者被称为汇票权利人，承担汇票责任者被称为汇票债务人。汇票权利人就是持票人，汇票债务人可包括汇票上载明的付款人、背书人、保证人。

**2. 出票**

出票是指出票人依照票据法规定的格式作成汇票，并将其交付收款人的票据行为。

汇票的必要记载事项包括：(1) 表明"汇票"的字样；(2) 无条件支付的委托；(3) 确定的金额；(4) 付款人名称；(5) 收款人名称；(6) 出票日期；(7) 出票人签章。

● 出票日期的意义

汇票欠缺必要记载事项的效力见表 6-2。

**表 6-2 汇票欠缺必要记载事项的效力**

| 欠缺记载事项 | 效力 |
|---|---|
| 付款日期 | 见票即付 |
| 付款地 | 付款人的营业场所、住所或者经常居住地为付款地 |
| 出票地 | 出票人的营业场所、住所或者经常居住地为出票地 |

**3. 背书**

背书是指收款人（持票人）以转让票据权利为目的在汇票上签章并进行必要的记载所做的一种附属票据行为。

以背书转让的汇票，背书应当连续。背书连续是指在票据转让中，转让汇票的背书人与受让汇票的被背书人在汇票上的签章依前后次序衔接。连续背书的第一背书人应当是票据上记载的收款人，最后的票据持有人应当是最后一次背书的被背书人。

背书人以背书转让汇票后，即承担保证其后手所持汇票承兑和付款的责任。背书人在汇票得不到承兑或者付款时，应当向持票人清偿《中华人民共和国票据法》（以下简称《票据法》）第 70 条和第 71 条规定的金额和费用。

● 背书的特殊情形（见表 6-3）

**表 6-3 背书的特殊情形**

| 特殊情形 | 效力 |
|---|---|
| 票据的出票人在票据上记载"不得转让"字样，票据持有人背书转让的 | 背书行为无效，背书转让后的受让人不得享有票据权利，票据的出票人、承兑人对受让人不承担票据责任 |
| 背书人在汇票上记载"不得转让"字样，其后手再背书转让的 | 背书人对后手的被背书人不承担保证责任，即书写"不得转让"字样的背书人免除了其后手的后手的追索权，其债务的范围就只限于对其后手一个人 |
| 将汇票金额的一部分转让的背书，或将汇票金额分别转让给两人以上的背书 | 背书无效 |

续表

| 特殊情形 | 效力 |
|---|---|
| 附有条件的背书 | 背书人所记载的任何条件都将被视为无记载 |
| 背书记载"委托收款"字样 | 被背书人有权代背书人行使被委托的汇票权利 |
| 汇票被拒绝承兑、被拒绝付款或者超过付款提示期限后背书的 | 背书人应当承担汇票责任 |

**4. 贴现**

贴现是一种票据转让方式，是指持票人在需要资金时，将其持有的未到期的商业汇票经过背书转让给银行，银行从票面金额中扣除贴现利息后，将余额支付给申请贴现人的票据行为。

贴现既是一种票据转让行为，又是一种银行授信行为，即银行通过接受汇票给持票人短期贷款。如果汇票付款期满，银行能收回汇票资金，该贷款就自动冲销；如果银行无法收回汇票资金，则可以向汇票付款人和所有债务人追索。

再贴现是指贴现银行向中央银行再转让汇票，转贴现是指贴现银行向其他商业银行转让汇票，二者都是贴现银行以未到期的贴现票据，经背书后的再次贴现。

**5. 承兑**

承兑是指汇票付款人承诺在到期日支付汇票金额的一种票据行为。仅汇票有承兑制度，支票和本票没有。一经承兑，付款人就成为现实意义上的第一债务人。

定日付款或者出票后定期付款的汇票，持票人应当在汇票到期日前向付款人提示承兑。见票后定期付款的汇票，持票人应当自出票日起1个月内向付款人提示承兑。汇票未按照规定期限提示承兑的，持票人丧失对其前手的追索权。见票即付的汇票无须承兑。

付款人承兑汇票不得附有条件，承兑附有条件的，或者以其他方法变更汇票上的记载事项的，视为拒绝承兑。

**6. 保证**

保证是指汇票的债务人以外的第三人以担保特定的汇票债务人承担汇票付款责任为目的，在汇票上签章及记载必要事项的票据行为。被保证的汇票，保证人应当与被保证人对持票人承担连带责任。汇票到期后，被保证人不能付款的，持票人有权向保证人请求付款，保证人应当无条件足额付款。

保证不得附有条件。附有条件的，不影响保证人对汇票承担的付款责任。

★对比：背书、承兑和保证都不得附条件。附条件的背书，所附条件无效；附条件的承兑则被视为拒绝承兑；附条件的保证不影响保证责任的承担。

一般情况下，国家机关、以公益为目的的事业单位、社会团体不得作为票据保证人，但经国务院批准为使用外国政府或者国际经济组织贷款进行转贷，国家机关提供票据保证的除外。

**7. 付款**

付款是汇票义务人承担汇票责任对持票人支付汇票金额的行为。

● 不同类型汇票的承兑及付款期限（见表6-4）

表 6-4　不同类型汇票的承兑及付款期限

| 汇票类型 | 提示承兑期限 | 提示付款对象 | 提示付款期限 |
| --- | --- | --- | --- |
| 定日付款 | 汇票到期日前 | 承兑人 | 到期日起 10 日内 |
| 出票后定期付款 | | | |
| 见票后定期付款 | 出票日起 1 个月内 | | |
| 见票即付 | — | 付款人 | 出票日起 1 个月内 |

### 8. 追索

汇票到期被拒绝付款的，持票人可以对背书人、出票人以及汇票的其他债务人行使追索权。

行使追索权的原因包括：(1) 汇票被拒绝承兑的；(2) 承兑人或付款人死亡、逃匿的；(3) 承兑人或付款人被依法宣告破产的，或者因违法被责令终止业务活动的。

持票人行使追索权时，应当提供被拒绝承兑或者被拒绝付款的有关证明。

汇票的出票人、背书人、承兑人和保证人都可以成为追索对象，由持票人自由选择。被追索者清偿债务后，可以再向其他汇票债务人行使追索权。追索的内容包括汇票的本金、利息以及为追索而产生的相关费用。

## 五、本票

### 1. 概念与特征

本票是由出票人签发的，承诺自己在见票时无条件支付确定的金额给收款人或者持票人的票据。我国法律仅规定了银行本票。

本票是自付票据，基本当事人只有出票人和收款人两个，在使用时无须承兑。

### 2. 出票与付款

本票的出票人必须具有支付本票金额的可靠资金来源，并保证支付。

本票必须记载除付款人之外的汇票必须记载的其他事项。

本票的付款期限为自出票日起，不得超过 2 个月，没有按期提示的本票，持票人不能向其前手追索。

本票的背书、保证、付款行为和追索权的行使，除适用《票据法》有关本票的具体规定外，其余适用有关汇票的规定。

## 六、支票

### 1. 概述

支票是指由出票人签发的，委托办理支票存款业务的银行或者其他金融机构在见票时无条件支付确定的金额给收款人或持票人的票据。

支票具有如下特点：
(1) 出票人不是付款人；
(2) 付款人只能是银行和其他金融机构；
(3) 支票只有见票即付一种形式；
(4) 支票强调出票人的资金储备；
(5) 支票流通时间短，流通次数多。

**2. 支票权利的主要内容**

支票的出票人需要满足：（1）在银行或者其他金融机构开立账户；（2）存入足够支付的款项；（3）预留印鉴。

支票必须记载除收款人之外的本票必须记载的其他事项，因为持票人即为收款人。

● 未记载事项的补救（见表6-5）

表6-5 未记载事项的补救

| 未记载事项 | 补救 |
|---|---|
| 付款地 | 付款人的营业场所为付款地 |
| 出票地 | 出票人的营业场所、住所或者经常居住地为出票地 |

支票的持票人应当自支票出票日起10日内提示付款，超过提示付款期限的，付款人可以拒绝付款，但此时持票人仍然享有票据权利，出票人仍然需要对持票人履行付款义务。

因出票人签发空头支票、与其预留本名的签名式样或者印鉴不符的支票给他人造成损失的，支票的出票人和背书人应当依法承担民事责任。

**七、涉外票据的法律适用**

涉外票据，是指出票、背书、承兑、保证、付款等行为中，既有发生在我国境内又有发生在我国境外的票据。涉外票据是以票据行为在我国境内和境外发生的事实来确定的。

● 涉外票据的法律适用原则

（1）国际条约优先适用原则；

（2）保留条款除外原则；

（3）国际惯例补充适用原则。

● 《票据法》有关涉外票据法律适用的具体规定（见表6-6）

表6-6 涉外票据法律适用规定

| 内容 | 规定 |
|---|---|
| 票据债务人的民事行为能力 | 适用本国法 |
| | 按照本国法为无民事行为能力或者限制民事行为能力，而根据行为地法为完全民事行为能力的，适用行为地法律 |
| 票据行为的方式 | 汇票和本票的出票记载事项，适用出票地法律 |
| | 支票的出票记载事项，适用出票地法律，但经当事人协议适用付款地法律的，依协议而办 |
| | 涉外票据的背书、承兑、付款、保证等行为，皆适用行为地法律 |
| 追索权的行使和保全 | 票据的提示期限、有关拒绝证明的方式、出具拒绝证明的期限，适用付款地法律 |
| | 追索权的行使期限，适用出票地法律 |
| 失票后票据权利保全程序 | 票据丧失时，失票人请求保全票据权利的程序，适用付款地法律 |

**八、票据法上的法律责任**

票据法上的法律责任，是票据法规定的违反票据法的人应当承受的法律制裁。

● 票据法上的法律责任与票据责任

（1）票据法上的法律责任是法律制裁；票据责任是无条件支付票面金额的债务，不是法律制裁。

（2）票据法上的法律责任由违反票据法的人承受；票据责任则由票据上签章的人承担。

（3）票据法上的法律责任由票据法规定；票据责任依票据文义而定。

（4）票据法上的法律责任包括刑事责任、行政责任、民事责任；票据责任仅指依票据文义无条件付款的责任。

 **练习题**

**1. 名词解释**

（1）票据

（2）票据权利

（3）汇票

（4）背书

**2. 单项选择题**

（1）A 将一张汇票背书转让给 B，由此，A 与 B 所形成的关系是（　　）。

    A. 票据关系　　　　　　　　B. 票据法上的非票据关系

    C. 票据的基础关系　　　　　D. 买卖关系

（2）追索权是指（　　）。

    A. 持票人对汇票债务人中的一人或者数人已经进行追索的，对其他汇票债务人不可以再行使追索权

    B. 第一次请求权

    C. 追索权的追索对象包括出票人、背书人、保证人、承兑人和持票人

    D. 持票人行使付款请求权遭到拒绝承兑或拒绝付款时，向其前手请求支付票据金额的权利

（3）以下各项中，票据非合法取得的是（　　）。

    A. A 从其父处继承取得

    B. B 销售一批货物后，C 向其背书转让了一张汇票以抵货款，但 B 后来发现该汇票是 C 偷盗得来的

    C. D 拾得一张汇票

    D. E 因法院判决获得支票一张

（4）持票人对前手的追索权，自被拒绝承兑或者被拒绝付款之日起（　　）个月不行使的，归于消灭。

    A. 3　　　　　　　　　　　　B. 2

    C. 6　　　　　　　　　　　　D. 1

（5）票据上不可更改的事项是（　　）。

    A. 付款人名称　　　　　　　B. 付款日期

    C. 票据金额　　　　　　　　D. 付款地

(6) 票据上金额大小写不一致, 致使付款人不付款, 此付款人行使了票据 （　　　）。

    A. 物的抗辩
    B. 人的抗辩

    C. 金额不一致抗辩
    D. 无效请求权

(7) 汇票权利人是指 （　　　）。

    A. 付款人
    B. 持票人

    C. 背书人
    D. 保证人

(8) 汇票上未记载付款日期的, （　　　）。

    A. 为见票即付汇票

    B. 票据无效

    C. 持票人必须补记

    D. 持票人在出票后 6 个月内任何时候均可提示付款

(9) 见票后定期付款的汇票, 持票人应当自出票日起 （　　　）内向付款人提示承兑。

    A. 2 个月
    B. 20 天

    C. 1 个月
    D. 3 个月

(10) 有关本票的说法, 正确的有 （　　　）。

    A. 本票的出票人资格必须由中国人民银行审定

    B. 本票的必要记载事项包括付款人

    C. 本票自出票日起, 付款期限最长不超过 1 个月

    D. 本票是自付票据

(11) 甲公司购买乙公司一批货物, 共价值 20 万元, 以商业承兑汇票结算, 由丁公司在汇票上签章承诺在汇票到期日无条件付款。当该票据的持票人行使付款请求权时, 下列哪一说法是正确的?（　　　）。

    A. 如果该汇票已经被背书转让给丙公司, 丙公司恰好欠汇票付款人某银行 10 万元到期贷款, 则银行可以提出抗辩而拒绝付款

    B. 如果该汇票已经被背书转让给丙公司, 则甲公司可以以乙公司交付的货物质量存在缺陷为由, 拒绝向丙公司付款

    C. 因该汇票已经丁公司无条件承兑, 故丁公司不可能再以任何理由对持票人提出抗辩

    D. 甲公司可以在签发汇票时标注 "以收到货物为付款条件"

**3. 多项选择题**

(1) 票据权利的消灭发生的情形有 （　　　）。

    A. 票据债务人付款, 持票人将票据交付付款人

    B. 被追索人清偿票据债务及追索费用

    C. 票据时效期间届满

    D. 票据不慎毁灭

(2) 汇票的必要记载事项有 （　　　）。

    A. "汇票" 字样
    B. 无条件支付的委托

    C. 付款人名称
    D. 收款人名称

(3) 票据的出票人在票据上记载"不得转让"字样的,(　　)。

  A. 票据持有人背书转让的,背书行为无效

  B. 背书转让后的受让人仍享有票据权利

  C. 票据的出票人、承兑人对受让人不承担票据责任

  D. 有"现金"字样的银行汇票不得背书转让

(4) A想对其客户以支票结算,则其应满足如下条件:(　　)。

  A. 建立账户　　　　　　　　　B. 存入足够支付的款项

  C. 经中国人民银行审核批准　　D. 预留印鉴

(5) 在涉外票据法律适用中,票据的提示期限、有关拒绝证明的方式、出具拒绝证明的期限,适用法律错误的为(　　)。

  A. 付款地法律　　　　　　　　B. 行为地法律

  C. 出票地法律　　　　　　　　D. 我国法律

(6) 甲公司在与乙公司的交易中获得由乙公司签发的面额为50万元的汇票一张,付款人为丙银行。甲公司向丁购买了一批货物,将汇票背书转让给丁以支付货款,并记载"不得转让"字样。后丁又将此汇票背书给戊。如戊在向丙银行提示承兑时遭到拒绝,戊可向谁行使追索权?(　　)。

  A. 丁　　　　　　　　　　　　B. 乙公司

  C. 甲公司　　　　　　　　　　D. 丙银行

**4. 案例题**

(1) A公司签发一张以B公司为收款人的汇票,出票日期为2023年1月3日,票面金额为30万元,付款地为A公司的开户行C银行所在地,票面上记有"不得转让"字样。

问题:

①A公司对B公司承担责任的最后一天是哪一天? 请说明原因。

②除上述有关信息外,该汇票还需要记载哪些必要记载事项?

③假如B公司将该汇票背书转让给D公司,则D公司可否享有票据权利? 请说明理由。

(2) A公司开出一张收款人为B公司、付款人为C银行的银行承兑汇票,B公司因与D厂发生了货物买卖关系而将该银行承兑汇票背书转让给了D厂,D厂又将其背书转让给了E公司。E公司在票据到期日请求C银行付款时遭拒绝。为此,E公司要求B公司承担票据责任。B公司认为,D厂所供货物有明显的质量瑕疵,故拒绝付款。

问题:

①假定上述若干次背书均为有效背书,E公司要求B公司承担票据责任的请求是否合法? 为什么?

②假定E公司是善意取得票据,那么B公司的抗辩是否合法? 为什么?

③恶意取得票据有哪几种情形?

④什么是票据抗辩?

第七章

# 证券法

## 教学大纲

通过本章的学习，首先，了解证券的概念和证券法的基本原则以及不同类型证券机构的概念和基本制度。其次，熟悉有关证券发行的相关规定，包括证券发行的基本条件、发行的方式及审核机构、证券承销，熟悉证券交易的条件及方式以及有关证券交易的禁止与限制，掌握证券上市的相关要求，了解上市公司收购相关制度。最后，对于违反证券法的法律责任有初步认识。

本章内容涉及琐碎的法律规定，对于细微知识点，需要结合实践理解，并能够加以运用。

## 重要概念

（1）证券 　　　　　（2）股票 　　　　　（3）债券
（4）认股权证 　　　（5）基金券 　　　　（6）证券市场
（7）证券登记结算机构 （8）证券发行 　　 （9）证券代销
（10）证券包销 　　　（11）内幕交易 　　（12）操纵证券市场
（13）上市公司收购

## 重点回顾

### 一、证券法概述

**1. 证券**

证券是发行人为了证明或者设立财产权利，依照法定的程序，以书面形式或电子记账的形式交付给权利人的凭证。从广义来讲，证券包括资本证券、货币证券和商品证券。证券法所规范的证券仅为资本证券。

我国目前证券市场上发行和流通的证券主要有以下几类：

（1）股票。股票是股份有限公司签发的证明股东所持股份的凭证。

（2）债券。债券是政府、金融机构、公司企业等单位依照法定程序发行的、约定在一定期限内还本付息的有价证券。

（3）认股权证。认股权证是股份有限公司给予持证人的无限期或在一定期限内，以确定价格购买一定数量普通股份的权利凭证。

（4）基金券，或称基金受益凭证。基金券是证券投资基金发给投资者，用以记载投资者所持基金单位数的凭证。

★ 证券法规范的证券有何特征？股票、债券、认股权证、基金券分别有何特征？

**2. 证券市场**

证券市场包括证券发行市场和证券流通市场。证券发行市场是指证券发行人首次发行或者增发证券的场所，也称证券一级市场，表现为以包销、认购或拍卖招标等方式所进行的股票和公司债券交易。证券流通市场是指已发行的证券进行买卖、转让和流通的市场，也称证券二级市场，其交易形式主要有两种，即证券交易所和场外交易市场。

**3. 证券法**

证券法是调整证券发行、交易等活动中，以及国家在管理证券机构和管理证券的发行、交易等活动的过程中，所发生的社会关系的法律规范的总称。

我国证券法的基本原则有：（1）保护投资者合法权益原则；（2）公开、公平、公正原则；（3）平等、自愿、有偿、诚实信用原则；（4）合法原则；（5）分业经营、分业管理原则；（6）国家集中统一监管与行业自律相结合原则；（7）审计监督原则。

**二、证券机构**

**1. 证券交易所**

证券交易所是为证券集中交易提供场所和设施，组织和监督证券交易，实行自律管理的法人。证券交易所的职能在于：

（1）为组织公平的集中交易提供保障；

（2）遇突发事件时采取应对措施，包括停牌、停市等；

（3）对证券交易实行实时监控；

（4）对证券交易的重大异常波动进行风险监测；

（5）对上市公司及相关信息披露义务人披露信息进行监督；

（6）制定上市规则、交易规则、会员管理规则和其他有关规则；

（7）对违反业务规则的证券交易人给予纪律处分或者采取其他自律管理措施。

**2. 证券公司**

证券公司是指依照《公司法》和《中华人民共和国证券法》（以下简称《证券法》）的规定设立、经营证券业务，具有独立法人地位的有限责任公司和股份有限公司。

设立证券公司必须经国务院证券监督管理机构审查批准，未经国务院证券监督管理机构批准，任何单位和个人不得以证券公司名义开展证券业务活动。

● 证券公司的注册资本要求与业务范围（见表7-1）

表7-1　证券公司的注册资本要求与业务范围

| 注册资本 | 业务范围 |
|---|---|
| 注册资本最低限额为5 000万元 | 证券经纪 |
| | 证券投资咨询 |
| | 与证券交易、证券投资活动有关的财务顾问 |
| 经营业务之一的，注册资本最低为1亿元；经营两项以上业务的，注册资本最低为5亿元 | 证券承销与保荐 |
| | 证券融资与融券 |
| | 证券做市交易 |
| | 证券自营 |
| | 其他证券业务 |

资料来源：根据有关政策文件整理。

证券公司的注册资本应当是实缴资本。

**3. 证券登记结算机构**

证券登记结算机构是为证券交易提供集中登记、存管与结算服务且不以营利为目的的法人。

证券登记结算机构履行下列职能：（1）证券账户、结算账户的设立；（2）证券的存管和过户；（3）证券持有人名册登记；（4）证券交易的清算和交收；（5）受发行人的委托派发证券权益；（6）办理与上述业务有关的查询、信息服务；（7）国务院证券监督管理机构批准的其他业务。

**4. 证券监督管理机构**

按《证券法》的规定，我国依法对证券市场实行监督管理的机构是国务院证券监督管理机构，也即中国证券监督管理委员会。

国务院证券监督管理机构的职责有：（1）依法制定有关证券市场监督管理的规章、规则，并依法进行审批、核准、注册、办理备案；（2）依法对证券的发行、上市、交易、登记、存管、结算等行为进行监督管理；（3）依法对证券发行人、证券公司、证券服务机构、证券交易场所、证券登记结算机构的证券业务活动进行监督管理；（4）依法制定从事证券业务人员的行为准则，并监督实施；（5）依法监督检查证券发行、上市、交易的信息披露；（6）依法对证券业协会的自律管理活动进行指导和监督；（7）依法监测并防范、处置证券市场风险；（8）依法开展投资者教育；（9）依法对证券违法行为进行查处；（10）法律、行政法规规定的其他职责。

**三、证券发行**

**1. 证券发行的概念和方式**

证券发行是指符合发行条件的企业或政府组织为筹集资金，以同一条件向特定或不特定的公众招募或出售证券的行为。

按照发行对象的不同，证券发行可以分为公开发行和非公开发行；按照所发行证券的不同，证券发行可以分为股票发行、债券发行等。

● 股票公开发行

股票公开发行一般有两种：一是为设立新公司而首次发行股票，即设立发行；二是为扩大已有的公司规模而发行新股，即增资发行。

公司首次公开发行新股必须符合的条件包括：

（1）具备健全且运行良好的组织机构；

（2）具有持续经营能力；

（3）最近 3 年财务会计报告被出具无保留意见审计报告；

（4）发行人及其控股股东、实际控制人最近三年不存在贪污、贿赂、侵占财产、挪用财产或者破坏社会主义市场经济秩序的刑事犯罪；

（5）经国务院批准的国务院证券监督管理机构规定的其他条件。

- 债券公开发行

公司债券公开发行的基本条件包括：

（1）具备健全且运行良好的组织机构；

（2）最近 3 年平均可分配利润足以支付公司债券一年的利息；

（3）国务院规定的其他条件。

上市公司发行可转换为股票的公司债券，除应当符合前述条件外，还应当符合经国务院批准的国务院证券监督管理机构规定的条件，但是按照公司债券募集办法，上市公司通过收购本公司股份的方式进行公司债券转换的除外。

**2. 证券承销**

《证券法》规定的证券承销业务有代销和包销两种方式。证券代销是指证券公司代发行人发售证券，在承销期结束时，将未售出的证券全部退还给发行人的承销方式。证券包销是指证券公司将发行人的证券按照协议全部购入或者在承销期结束时将销售后剩余的证券全部自行购入的承销方式。

### 四、证券交易

我国法律对证券交易的条件和方式进行了较为严格的限制。《证券法》除了有对证券交易行为的一般限制和禁止之外，还有以下限制性规定：

**1. 禁止内幕交易行为**

内幕交易是指知悉证券交易内幕信息的知情人和非法获取内幕信息的人，利用内幕信息进行证券交易的活动。《证券法》规定禁止证券交易内幕信息的知情人和非法获取内幕信息的人利用内幕信息从事证券交易活动。

★ 哪些人属于前述内幕信息的知情人？哪些信息属于内幕信息？

**2. 禁止操纵证券市场行为**

操纵证券市场，是指以获取利益或者减少损失为目的，利用手中掌握的资金等优势影响证券市场价格，制造证券市场假象，诱导或者致使投资者在不了解事实真相的情况下作出证券投资决定，影响或者意图影响证券交易价格或者证券交易量，扰乱证券市场秩序的行为。

★ 我国法律明确列举的属于操纵证券市场的行为有哪些？

**3. 禁止虚假陈述和信息误导行为**

《证券法》规定：禁止任何单位和个人编造、传播虚假信息或者误导性信息，扰乱证券市场交易秩序。禁止证券交易场所、证券公司、证券登记结算机构、证券服务机构及其从业人员，证券业协会、证券监督管理机构及其工作人员，在证券交易活动中作出虚假陈述或者信息误导。各种传播媒介传播证券市场信息必须真实、客观，禁止误导。传播媒介及其从事证券市场信息报道的工作人员不得从事与其工作职责发生利益冲突的证券买卖。

**4. 禁止欺诈客户行为**

欺诈客户，是指代理人在证券交易及相关活动中，违背被代理人的真实意思进行代理的行为，以及诱导客户进行不必要的证券交易的行为。

**5. 市场禁入**

我国证券法规定的市场禁入是指对违反我国证券法律法规的相关人员禁止其从事证券相关业务或担任相应职务的法定处罚措施，由中国证监会颁布的《证券市场禁入规定》予以规范。

## 五、证券上市

**1. 股票上市与债券上市新规**

2019年《证券法》第47条授权证券交易所规定证券上市的条件，相应地删除了旧法中分别对股票与债券上市条件、申请及文件和公告事项的规定。2019年《证券法》规定证券交易所上市规则规定的上市条件，应当对发行人的经营年限、财务状况、最低公开发行比例和公司治理、诚信记录等提出要求。

**2. 信息公开制度**

发行人、上市公司依法披露的信息，必须真实、准确、完整，不得有虚假记载、误导性陈述或者重大遗漏。需公开的具体内容见图7-1。

**图7-1 信息公开的内容**

● 信息公开不实的法律后果（见表7-2）

**表7-2 信息公开不实的法律后果**

| 责任主体 | 承担责任的条件 | 免责条件 |
| --- | --- | --- |
| 信息披露义务人 | 未按照规定披露信息，或者公告的证券发行文件、定期报告、临时报告及其他信息披露资料存在虚假记载、误导性陈述或者重大遗漏，致使投资者在证券交易中遭受损失的 | 无 |

续表

| 责任主体 | 承担责任的条件 | 免责条件 |
|---|---|---|
| 发行人的控股股东、实际控制人、董事、监事、高级管理人员和其他直接责任人员以及保荐人、承销的证券公司及其直接责任人员 | 未按照规定披露信息，或者公告的证券发行文件、定期报告、临时报告及其他信息披露资料存在虚假记载、误导性陈述或者重大遗漏，致使投资者在证券交易中遭受损失的 | 能够证明自己没有过错的 |

上述主体承担的是连带赔偿责任。

### 六、上市公司的收购制度

**1. 概述**

上市公司收购，是指投资者为取得某一上市公司的控股权或实施对某一上市公司的兼并，依法定程序公开购入该公司发行在外的部分或全部股份的行为。

证券法规定的上市公司收购的方式，包括要约收购、协议收购及其他合法方式。

**2. 程序与规则**

（1）报告和公告持股情况。

通过证券交易所的证券交易，投资者持有或者通过协议、其他安排与他人共同持有一个上市公司已发行的有表决权股份达到5%时，或者在此之后其所持该上市公司已发行的有表决权股份比例每增加或减少5%时，应当向国务院证券监督管理机构、证券交易所作出书面报告，通知该上市公司并公告。

（2）收购要约。

通过证券交易所的证券交易，投资者持有或者通过协议、其他安排与他人共同持有一个上市公司已发行的有表决权股份达到30%时，继续进行收购的，应当依法向该上市公司所有股东发出收购上市公司全部或部分股份的要约。依照规定发出收购要约，收购人必须事先向国务院证券监督管理机构报送上市公司收购报告书。

（3）终止上市交易和应当收购。

收购要约的期限届满，被收购公司股权分布不符合证券交易所规定的上市交易要求的，该上市公司的股票应当由证券交易所依法终止上市交易；其余仍持有被收购公司股票的股东，有权向收购人以收购要约的同等条件出售其股票，收购人应当收购。

（4）报告和公告收购情况。

收购行为完成后，收购人应当在15日内将收购情况报告国务院证券监督管理机构和证券交易所，并予以公告。

**3. 上市公司收购的法律后果**

（1）在上市公司收购中，收购人持有的被收购上市公司的股票，在收购行为完成后的18个月内不得转让。

（2）收购行为完成后，被收购公司不再具备股份有限公司条件的，应当依法变更企业形式。

（3）收购行为完成后，收购人与被收购公司合并，并将该公司解散的，被解散公司的原有股票由收购人依法更换。

## 练习题

**1. 名词解释**

(1) 证券交易所

(2) 证券公司

(3) 证券发行

(4) 内幕交易

(5) 上市公司收购

**2. 单项选择题**

(1) 广义来讲，证券包括资本证券、货币证券和商品证券。《证券法》所规范的证券为（　　）。

    A. 资本证券　　　　　　　　　　B. 货币证券

    C. 商品证券　　　　　　　　　　D. 资本证券和货币证券

(2) 证券一级市场是指（　　）。

    A. 证券交易市场　　　　　　　　B. 证券发行市场

    C. 证券流通市场　　　　　　　　D. 证券买卖市场

(3) 证券法调整的证券社会关系是（　　）。

    A. 证券发行人、证券投资人和证券商之间平等的证券发行关系、交易关系、服务关系

    B. 证券监督管理机构对证券市场参与者进行组织、协调、监督等活动过程中所发生的纵向监管关系

    C. 以调整平等的证券发行关系、交易关系和服务关系为主

    D. 平等的证券发行、交易和服务关系与纵向的监管关系的统一

(4) 证券公司经营证券承销与保荐及证券资产管理业务的，注册资本最低为人民币（　　）元。

    A. 1 亿　　　　　　　　　　　　B. 5 亿

    C. 5 000 万　　　　　　　　　　D. 2 亿

(5) A 证券公司为 B 公司承销股票，期限届满后，尚有部分股票未售完，A 证券公司决定自行购入未售完的股票，此种承销方式为（　　）。

    A. 代销　　　　　　　　　　　　B. 包销

    C. 部分代销　　　　　　　　　　D. 违反证券法关于承销的规定

(6) 下列不属于上市公司内幕信息的有（　　）。

    A. 公司发生重大亏损或者重大损失

    B. 公司营业用主要资产报废一次超过该资产的 20%

    C. 公司分配股利或者增资的计划

    D. 公司的经营方针和经营范围的重大变化

(7) 证券上市交易，应当向（　　）提出申请，由其依法审核同意，并由双方签订上市协议。

    A. 证监会　　　　　　　　　　　B. 证券业协会

  C. 证券交易所和证监会　　　　　D. 证券交易所

（8）根据《证券法》的规定，在上市公司收购中，收购人持有的被收购的上市公司的股票，在收购行为完成后的（　　）内不得转让。

  A. 6 个月

  B. 12 个月

  C. 18 个月

  D. 24 个月

（9）上市公司需要临时报告的重大事件不包括（　　）。

  A. 公司的重大投资行为，公司在 1 年内购买、出售重大资产超过公司资产总额的 30%

  B. 公司 1/3 以上的董事、监事或者经理发生变动

  C. 持有公司 5% 以上股份的股东或者实际控制人，其持有股份或者控制公司的情况发生较大变化

  D. 涉及公司的重大诉讼，仲裁，股东大会、董事会决议被依法撤销或者宣告无效

（10）违反《证券法》的规定，（　　）的，责令依法处理其非法持有的证券，没收违法所得，并处以违法所得 1 倍以上 10 倍以下的罚款；没有违法所得或者违法所得不足 100 万元的，处以 100 万元以上 1 000 万元以下的罚款。

  A. 泄露内幕信息

  B. 操纵证券市场

  C. 编造并传播证券市场的虚假信息

  D. 证券公司欺诈客户

（11）股票和债券是《证券法》规定的主要证券类型。关于股票与债券的比较，下列哪一表述是正确的？（　　）。

  A. 有限责任公司和股份有限公司都可以成为股票和债券的发行主体

  B. 股票和债券具有相同的风险性

  C. 债券的流通性强于股票的流通性

  D. 股票代表股权，债券代表债权

（12）下列属于证券交易中欺诈客户行为的是（　　）。

  A. 在自己实际控制的账户之间进行证券交易，影响证券交易价格或者证券交易量

  B. 与他人串通，以事先约定的时间、价格和方式相互进行证券交易，影响证券交易价格或者证券交易量

  C. 单独或者合谋，集中资金优势、持股优势或者利用信息优势联合或者连续买卖，操纵证券交易价格或者证券交易量

  D. 利用传播媒介或者通过其他方式提供、传播虚假或者误导投资者的信息

**3. 多项选择题**

（1）《证券法》规定的证券机构主要有（　　）。

  A. 证券交易所　　　　　　　　　B. 证券公司

    C. 证券登记结算机构　　　　D. 证券监督管理机构

（2）《证券法》的基本原则有（　　）。

    A. 保护投资者的合法权益

    B. 公开、公平、公正

    C. 国家集中统一监管与行业自律相结合

    D. 混业经营、混业监管

（3）《证券法》规定的公开发行证券的情形有（　　）。

    A. 向不特定对象发行证券

    B. 向累计超过 200 人的特定对象发行证券，除依法实施员工持股计划的员工人数外

    C. 向国内的公众投资人发行证券，但不包括国外投资人

    D. 法律、行政法规规定的其他发行行为

（4）《证券法》禁止的证券交易行为有（　　）。

    A. 内幕交易行为　　　　　　B. 操纵证券市场行为

    C. 虚假陈述和信息误导行为　　D. 欺诈客户行为

（5）关于证券上市的规定，正确的是（　　）。

    A. 申请证券上市交易，应当向证券交易所提出申请，由证券交易所依法审核同意

    B. 申请证券上市交易，应当符合证券交易所上市规则规定的上市条件

    C. 上市条件应当对发行人的经营年限、财务状况、最低公开发行比例和公司治理提出要求

    D. 证券交易所决定终止证券上市交易的，应当及时公告，并报国务院证券监督管理机构审核

（6）某上市公司因披露虚假年度财务报告导致投资者在证券交易中蒙受重大损失。哪些主体需承担民事赔偿责任？（　　）。

    A. 该上市公司的监事　　　　B. 该上市公司的实际控制人

    C. 该上市公司财务报告的刊登媒体　D. 该上市公司的证券承销商

（7）公司公开发行新股，应当符合的条件有哪些？（　　）。

    A. 具备健全且运行良好的组织机构

    B. 具有持续经营能力

    C. 最近 2 年财务会计报告被出具无保留意见审计报告

    D. 发行人及其控股股东、实际控制人最近 3 年不存在贪污、贿赂、侵占财产、挪用财产或者破坏社会主义市场经济秩序的刑事犯罪

    E. 经国务院批准的国务院证券监督管理机构规定的其他条件

（8）证券交易所决定终止上市公司股票上市的情形有（　　）。

    A. 公司股本总额、股权分布等发生变化不再具备上市条件，在证券交易所规定的期限内仍不能达到上市条件

    B. 公司不按照规定公开其财务状况，或者对财务会计报告做虚假记载，且拒绝纠正

C. 公司最近三年连续亏损，在其后一个年度内未能恢复盈利

D. 公司解散或者被宣告破产

（9）不得再次公开发行公司债券的情形有（　　）。

A. 公司有重大违法行为

B. 对已公开发行的公司债券或者其他债务有违约或者迟延支付本息的事实，仍处于继续状态

C. 改变公开发行公司债券所募资金的用途

D. 未按照公司债券募集办法履行义务

**4. 问答题**

（1）公开发行公司债券的限制情形有哪些？

（2）《证券法》规定的内幕信息及内幕信息的知情人有哪些？

**5. 案例题**

2024 年 3 月，A 公司拟公开发行新股，同时聘请证券公司 B、会计师事务所等中介机构提供相关服务。其中，A 公司的实际控制人曾于 2020 年因危险驾驶罪受到过刑事处罚，证券公司 B 的注册资本为 5 000 万元。A 公司聘请证券公司 B 作为保荐人出具保荐意见并承销股票，协议约定承销期限届满后，如尚有部分股票未售完，证券公司 B 将自行购入未售完的股票。证券公司 B 的控股股东认为 A 公司的股票潜力巨大，遂与他人串通，以事先约定的时间大量买入 A 公司的股票，其间非法盈利 500 万元。2024 年 7 月，A 公司完成股票发行，募集资金 4 亿元。2024 年 8 月，出于战略发展需要，A 公司通过证券交易所交易，持有 C 上市公司已发行的有表决权股份已达 5%，并于 5 日后向国务院证券监督管理机构、证券交易所作出书面报告。在持续购买 C 上市公司的股票达到已发行有表决权股份的 30% 后，A 公司向 C 上市公司的所有股东发出了收购要约，收购要约规定的收购期限为 90 日。

问题：

（1）根据《证券法》，A 公司公开发行新股需要满足什么要求？

（2）证券公司 B 的行为是否符合法律规定？需要承担什么责任？请说明理由。

（3）A 公司收购 C 上市公司的行为是否符合法律规定？请说明理由。

第八章

# 保险法

## 教学大纲

通过本章的学习，了解保险的概念和保险法的基本原则，掌握有关保险合同的基本制度，并在实践中加以运用。

## 重要概念

(1) 保险      (2) 保险人

(3) 投保人      (4) 被保险人

(5) 受益人      (6) 保险利益

(7) 代位追偿权      (8) 委付

## 重点回顾

### 一、保险与保险法概述

#### 1. 保险

我国保险法所称的保险，是指投保人依据合同约定，向保险人支付保险费，保险人对于合同约定的可能发生的事故因其发生所造成的财产损失承担赔偿保险金责任，或者当被保险人死亡、伤残、疾病或达到合同约定的年龄、期限等条件时承担给付保险金责任的商业保险行为。

保险具有危险依赖性、社会分担性和商事合同性。

● 保险的类型（见表 8 - 1）

表 8 - 1    保险的类型

| 分类标准 | 类型 |
| --- | --- |
| 按保险的实施方式 | 自愿保险、强制保险 |
| 按保险的对象 | 财产保险、人身保险 |

续表

| 分类标准 | 类型 |
|---|---|
| 按保险保障的范围 | 财产保险、责任保险、保证保险和人身保险 |
| 按保险的实施范围 | 社会保险、普通保险 |
| 按保险承担责任的次序 | 原保险、再保险 |

**2. 保险法**

保险法是以保险关系为调整对象的法律规范的总称，保险法中所调整的保险关系，仅指商业保险关系，并不包括社会保险。

我国保险法规定的基本原则包括：遵守法律和行政法规、尊重社会公德原则；自愿原则；诚实信用原则；公平竞争原则；专业经营原则；分业经营原则。

**二、保险合同**

**1. 概念与类型**

保险合同是指投保人和保险人约定保险权利义务关系的协议。保险合同是双务合同、射幸合同、格式合同、最大诚信合同。

● 射幸合同

射幸合同是指当事人一方或双方应为的给付，取决于合同成立后偶然事件的发生的合同。保险合同的目的是使保险人在不可预料或具有不可抗力的特定事故发生时，对被保险人履行赔偿或给付的责任，所以应属射幸合同。

● 最大诚信合同

影响保险合同效力的主要事项以及双方权利义务的多少均以被保险人或投保人的告知为准，一般情况下，被保险人最了解保险标的的危险状况，而保险人却知之甚少或一无所知，投保人的任何不实之举都将可能使保险人蒙骗受损；而且，保险标的多在被保险人的占有、使用之下，保险标的的危险完全受被保险人控制，故被保险人的任何放任行为均将增加保险人的风险承担。因此，保险合同对当事人的诚实信用程度的要求更高。

● 保险合同的分类（见表 8-2）

表 8-2　保险合同的分类

| 分类标准 | 类型 |
|---|---|
| 根据保险价值在保险合同中是否预先确定 | 定值保险合同、不定值保险合同 |
| 根据保险金额与保险价值的关系 | 足额保险（保险金额＝保险价值） |
| | 不足额保险（保险金额＜保险价值） |
| | 超额保险（保险金额＞保险价值） |
| 根据给付保险金的目的 | 补偿性保险合同、给付性保险合同 |
| 根据保险人的人数 | 单保险合同、复保险合同 |
| 根据保险标的的不同 | 财产保险合同、人身保险合同 |

注意明确保险价值、保险金额的含义。

**2. 保险合同的主体**

ⅰ. 保险合同的当事人

（1）保险人。保险人是指与投保人订立保险合同，并承担赔偿或给付保险金责任的保险公司。

（2）投保人。投保人是指与保险人订立保险合同，并按照保险合同负有支付保险费义务的人。

ⅱ. 保险合同的关系人

（1）被保险人是指其财产或人身受保险合同保障，享有保险金请求权的人。投保人可以为被保险人。

（2）受益人是指人身保险合同中由被保险人或者投保人指定的享有保险金请求权的人。投保人、被保险人可以为受益人。

**3. 保险利益**

保险利益是指投保人或者被保险人对保险标的具有的法律上承认的利益，投保人对保险标的不具有保险利益的，保险合同无效。构成保险利益必须具备三个条件：（1）合法利益；（2）能够确定的利益；（3）属于金钱上的利益。

● 注意事项

由于人是无价的，不需满足上述条件。投保人对如下人员具有保险利益：本人；配偶、子女、父母；前项以外与投保人有抚养、赡养或扶养关系的家庭其他成员、近亲属；与投保人有劳动关系的劳动者。此外，被保险人同意投保人为其订立合同的，视为投保人对被保险人具有保险利益。

### 三、保险合同的成立与履行

**1. 保险合同的条款**

我国保险法规定的保险合同所必须具备的条款，为法定条款。除此之外，投保人和保险人可以就与保险有关的其他事项作出约定。

保险合同的法定条款包括：

（1）保险人名称和住所；

（2）投保人、被保险人的姓名或者名称、住所，以及人身保险的受益人的姓名或者名称、住所；

（3）保险标的；

（4）保险责任和责任免除；

（5）保险期间和保险责任开始时间；

（6）保险金额；

（7）保险费以及支付办法；

（8）保险金赔偿或者给付办法；

（9）违约责任和争议处理；

（10）订立合同的年、月、日。

**2. 投保人的义务**

投保人的义务有：

（1）如实告知义务。投保人或被保险人在保险合同订立时，应当将保险标的的有关事项如实向保险人说明，否则保险人有权解除合同。故意不履行该项义务的，保险人对于合同解除前发生的保险事故，不赔偿且不退还保险费；由于过失不履行该项义务的，保险人对于合同解除前发生的保险事故不赔偿，但应当退还保险费。

（2）缴付保险费的义务。

（3）通知义务。投保人在危险增加和保险事故发生后，应当及时通知保险人。

（4）止损义务。保险事故发生时，被保险人有责任尽力采取必要的措施，防止或减少损失。

### 3. 保险人的义务

补偿或给付保险金是保险人最基本的义务，除此之外，保险人还负有解释、说明保险合同条款内容以及补偿或给付保险金等义务。

### 四、保险索赔、代位追偿权与委付

### 1. 保险索赔

保险索赔是指被保险人或受益人在保险标的因保险事故发生，造成财产损失或人身伤亡后，依照保险合同请求保险人赔偿损失或给付保险金的行为。

### 2. 代位追偿权

代位追偿权是指在财产保险中，由于第三者的过错造成保险标的发生保险责任范围内的损失的，如果保险人按照合同的约定给付了保险金，被保险人将对该第三者享有的赔偿请求权转移给保险人，由保险人代为行使。

保险事故发生后，保险人赔偿保险金之前，被保险人放弃对第三者请求赔偿的权利的，保险人不承担赔偿责任。保险人赔偿后，被保险人未经保险人同意放弃对第三者请求赔偿的权利的，该行为无效。由于被保险人的过错致使保险人不能行使代位追偿权的，保险人可扣减或者要求返还相应的保险金。

★注意：代位追偿权只适用于财产保险。

### 3. 委付

委付是指保险事故发生后，保险人已支付了全部保险金额，并且保险金额等于保险价值的，受损保险标的的全部权利归于保险人；保险金额低于保险价值的，保险人按照保险金额与保险价值的比例取得受损保险标的的部分权利。

### 五、保险合同的变更、解除与终止

### 1. 变更

在保险合同有效期内，投保人和保险人经协商同意，可以变更保险合同的有关内容，包括合同主体的变更、合同内容的变更。另外，人身保险合同由于投保人不按期缴纳保险费，会引起合同效力的中止。在投保人补交保险费后，合同效力恢复。

### 2. 解除

保险合同的解除是指合同签订后或履行过程中，因主客观情况发生变化，当事人依法提前终止合同的法律行为。按解除的依据，解除可分为约定解除和法定解除。按解除的方式，解除可分为双方协商解除、投保人单方解除、保险人单方解除。

保险人有权单方解除合同的情况有：

（1）投保人故意或因重大过失未履行如实告知义务，足以影响保险人决定是否同意承保或提高保险费率的，保险人有权解除合同。

（2）被保险人或受益人谎称发生保险事故，向保险人提出赔偿或给付保险金的请求的；投保人、被保险人或受益人故意制造保险事故的，保险人有权解除合同。

（3）投保人申报的被保险人年龄不真实，且其真实年龄不符合合同约定的年龄限制的，保险人可解除合同。

（4）人身保险合同因为投保人延期交纳保险费导致合同效力中止的，自合同效力中止起两年内双方未达成协议的，保险人有权解除合同。

（5）投保人、被保险人未按照约定履行其对保险标的的安全应尽的责任的，保险人有权要求增加保险费或解除合同。

（6）由于保险标的的危险的增加，保险人有权按照合同约定增加保险费或解除合同。

（7）保险标的发生部分损失的，自保险人赔偿之日起 30 日内，投保人可以解除合同；除合同另有约定外，保险人也可以解除合同，但应当提前 15 日通知投保人。

**3. 终止**

保险合同的终止，是指当事人之间根据保险合同确立的权利义务关系的消灭。原因包括合同因期限届满而终止；保险人履行了保险合同导致合同终止；因保险标的的全部灭失而终止；因保险人、投保人破产或被保险人死亡而终止；因解除而终止。

## 练习题

**1. 名词解释**

（1）再保险

（2）复保险

（3）受益人

（4）超额保险

（5）委付

**2. 单项选择题**

（1）再保险需要签订合同，合同的当事人（　　　）。

    A. 一方是投保人，另一方是有保险资格的保险公司

    B. 双方都是有保险资格的保险公司

    C. 一方是受益人，另一方是有保险资格的保险公司

    D. 一方是被保险人，另一方是有保险资格的保险公司

（2）导致保险合同终止的最普遍原因是（　　　）。

    A. 保险期间届满

    B. 保险标的灭失

    C. 履约

    D. 法定情形出现

（3）保险标的发生保险责任范围内的损失，应由第三者负责赔偿的，如果投保方向保险方提出赔偿要求，（　　　）。

A. 只有在第三者无力赔偿时，保险方才予以赔偿

B. 只有在查明第三者尚未对投保方承担赔偿责任后，保险方才予以赔偿

C. 保险方不予赔偿

D. 保险方应先予以赔偿，然后取得代位追偿权

（4）以投保时保险标的的实际价值或估计价值作为保险价值，其保险金额按保险价值来确定，这种保险被称为（    ）。

    A. 不定值保险                         B. 定值保险

    C. 定额保险                          D. 超额保险

（5）下列关于保险价值的说法错误的一项是（    ）。

A. 保险金额不得超过保险价值

B. 超过保险价值的，超过的部分无效，被保险人不得对超过的部分请求赔偿

C. 保险金额低于保险价值的，除合同另有约定外，保险人按照保险金额与保险价值的比例承担赔偿责任

D. 在人身保险中，保险金额也要由保险价值来确定

（6）投保人（被保险人和受益人）的主要义务不包括（    ）。

A. 按时交付保险费

B. 在保险标的的危险增加时通知保险人

C. 危险事故的补救和通知义务

D. 保险标的的有些情况属于商业秘密或者个人隐私，可以不用告知保险人

（7）在再保险中，（    ）不符合法律规定。

A. 通知投保人向再保险人交付保险金

B. 应再保险接受人的要求，再保险的分出人应当将其自负责任及原保险的有关情况告知再保险接受人

C. 再保险的分出人不得以再保险接受人未履行保险责任为由，拒绝履行或者延迟履行其原保险责任

D. 对投保人、被保险人或者再保险接受人的业务和财产情况，负有保密的义务

（8）保险合同成立后，（    ）可以凭自己的意愿解除保险合同。

    A. 投保人                         B. 保险人

    C. 作为受益人的第三人           D. 作为被保险人的第三人

（9）下列有关投保人告知义务的说法，正确的是（    ）。

A. 将导致保险合同无效

B. 将导致保险合同解除

C. 保险人对合同解除前发生的保险事故，不承担赔偿或给付保险金的责任

D. 我国保险法规定的投保人的告知义务仅是有限告知义务

（10）在抵押贷款投保财产保险时，银行以抵押权人的名义对抵押房屋投保。如果银行贷款为 10 万元，房屋价值为 13 万元，保险金额为 12 万元，则保险人的赔偿金额为（    ）。

    A. 10 万元         B. 13 万元         C. 12 万元         D. 不予赔偿

(11) 王某向保险公司投保了一年期的家庭财产保险。在保险期间，王某一家外出。其间，王某的邻居因私拉电线导致线路起火造成火灾，虽扑灭及时，但仍然造成了王某家家具的部分损失，损失金额约为1万元。下列哪一表述是正确的？（ ）。

　　A. 应由保险公司赔偿，保险公司赔偿后有权向王某的邻居追偿

　　B. 损失系因王某邻居的过错所致，保险公司不承担赔偿责任

　　C. 王某应当向保险公司索赔，不能要求邻居承担赔偿责任

　　D. 王某只能要求邻居赔偿，不能向保险公司索赔

(12) 关于保险利益的说法正确的是（ ）。

　　A. 人身保险的投保人在保险事故发生时，对保险标的应当具有保险利益

　　B. 财产保险的投保人在保险合同订立时，对保险标的应当具有保险利益

　　C. 保险利益本质上是一种经济利益，即可以用金钱衡量的利益

　　D. 由于人是无价的，因而不能用经济价值来衡量人与人之间的关系，因而人身保险合同的成立不需要有保险利益

**3. 多项选择题**

(1) 根据保险法的规定，在下列哪些情况下，保险人可以不经投保人的同意解除保险合同？（ ）。

　　A. 被保险人或者受益人在未发生保险事故的情况下，谎称发生了保险事故

　　B. 投保人、被保险人或者受益人故意制造保险事故

　　C. 保险事故发生后，投保人、被保险人或者受益人以伪造、变造的有关证明、资料或者其他证据，编造虚假的事故原因或者夸大损失程度的，保险人不承担赔偿或者给付保险金的义务

　　D. 投保人、被保险人或者受益人发现第三人正在进行危及保险标的的行为不报告保险人的

(2) 人身保险利益的构成条件有（ ）。

　　A. 投保人与保险标的之间须有利害关系

　　B. 投保人对保险标的必须具有合法利益

　　C. 投保人与保险标的之间须有金钱利益

　　D. 被保险人和受益人之间须有利害关系

(3) 在实践中，（ ）不适用代位追偿。

　　A. 保险事故发生后，保险人赔偿保险金之前，被保险人放弃对第三者请求赔偿的权利的，保险人不承担赔偿保险金的责任，以维护自己的合法利益

　　B. 保险人向被保险人赔偿保险金后，被保险人未经保险人同意放弃对第三者请求赔偿的权利的，该行为无效

　　C. 由于被保险人的过错致使保险人不能行使代位追偿权的，保险人可以相应扣减保险赔偿金，以使被保险人就自己的过错分担部分责任

　　D. 在家庭财产保险中，保险人不得对被保险人的家庭成员或者其组成人员行使代位追偿权，以维护家庭经济生活的稳定，除非这些成员有故意造成保险事故的行为

(4) 刘某购新车一辆后投了财产保险，保险价值为 10 万元。某日，刘某开车时车辆被司机王某违章驾驶的卡车撞坏，造成损失 2 万元。下列表述中正确的是（　　）。

A. 刘某既可向王某索赔，也可选择要求保险公司赔偿

B. 若保险公司向刘某支付了保险赔偿金，则刘某不得再向王某索赔

C. 在王某向刘某支付了赔偿金后，刘某仍有权向保险公司索赔

D. 若刘某放弃对王某的赔偿请求权，则保险公司不承担赔偿保险金的责任

(5) 2025 年 1 月 18 日陈某购置了一辆新能源汽车，向保险公司投保当年的车辆损失险，保险金额为 20 万元。其子小陈因经常乘坐他人及陈某的车，知道一点驾驶常识。2025 年 3 月 20 日，陈某因生病住进医院，小陈偷拿了其父的车钥匙驾车外出游玩，不慎翻车。小陈受了伤，轿车完全报废。下列关于陈某轿车毁损赔偿问题的表述中哪些是正确的？（　　）。

A. 陈某有权请求保险公司赔偿

B. 陈某无权请求保险公司赔偿

C. 保险公司如果赔偿，可以对小陈行使代位追偿权

D. 保险公司如果赔偿，不可以对小陈行使代位追偿权

(6) 投保人对下列哪些人员具有保险利益？（　　）。

A. 本人

B. 配偶、子女、父母

C. 前项以外与投保人有抚养、赡养或者扶养关系的家庭其他成员、近亲属

D. 与投保人有劳动关系的劳动者

(7) 在采用保险人提供的格式条款订立的保险合同中，下列哪些条款无效？（　　）。

A. 免除保险人依法应承担的义务

B. 减轻保险人依法应承担的义务

C. 加重投保人、被保险人责任的

D. 排除投保人、被保险人或者受益人依法享有的权利的

(8) 甲为其妻乙投意外伤害保险，指定其子丙为受益人。对此，下列哪些选项是正确的？（　　）。

A. 甲指定受益人时需经乙同意

B. 如果因第三人导致乙死亡，保险公司承担保险全赔责任后，有权向第三人代位求偿

C. 如果乙变更受益人，无须甲同意

D. 如果丙先于乙死亡，则出现保险事故时，保险金作为乙的遗产由甲继承

**4. 案例题**

(1) 小红正在上小学，学校为学生集体办理保险，是平安保险附加意外伤害医疗保险。2024 年 6 月 8 日，小红在学校操场上活动时被另外一个学生抛来的石子击中左眼并被马上送到医院抢救。虽经医院多方医治，无奈小红的眼球已被打坏，最后，医院只能将眼球摘除。

保险公司根据合同支付了保险金和医疗费。

有人说，小红还应该找肇事孩子的家长，要求其赔偿损失。

有人说，由于保险公司已经赔付，小红不能也没有权利再要求事故责任方进行赔偿。

小红的父母于 2025 年 8 月 11 日请教律师，计划起诉。

问题：

①在人身保险中涉及第三人的问题时应该如何处理？

②能否起诉？

③本案涉及几个法律关系？

(2) 王强就自己的一辆新别克轿车向平安保险公司投保全险，在保险合同有效期内，王强的车辆被行驶在后面的车辆追尾。王强下车，发现追尾的是其好友李丽，遂转怒为笑，称车辆已经投保，自己找平安保险公司赔偿，不要李丽赔偿。

王强找平安保险公司验了车，修车花费 5 000 元，要求平安保险公司赔偿损失。平安保险公司要求王强告知肇事者的姓名以便行使代位追偿权，但是王强称肇事者是自己的朋友，已经免除其赔偿责任，平安保险公司听说此情况后拒绝赔偿。

问题：

①王强是否有权免除肇事者赔偿自己车辆损失的责任？

②本案中平安保险公司拒绝赔偿是否有法律根据？

③王强在免除肇事者赔偿责任的情况下，是否有权要求平安保险公司赔偿其损失？

第九章

# 信托法

 **教学大纲**

通过本章的学习，理解信托的基本概念及特征，熟悉信托法律关系的形成、主体和基本内容。

 **重要概念**

(1) 信托 　　　　　　　　(2) 信托法律关系

(3) 自益信托 　　　　　　(4) 委托人

(5) 受托人 　　　　　　　(6) 受益人

 **重点回顾**

### 一、信托概述

信托指委托人基于对受托人的信任，将其财产权委托给受托人，由受托人按委托人的意愿以自己的名义，为受益人的利益或特定目的，进行管理或处分的行为。

信托的特征包括：(1) 信托是一种以财产权为中心的法律关系；(2) 委托人必须将其财产权转移或处分给受托人；(3) 信托财产具有独立性；(4) 受托人是对外唯一有权管理、处分信托财产的人；(5) 受托人必须依委托人设立信托的意旨管理和处分信托财产，为受益人谋利益；(6) 信托基于委托人对受托人的充分信任而设立。

★ 一旦信托成立，即使最初的受托人死亡、辞职，信托仍可继续存在。

● 信托的种类（见表9-1）

表 9-1　信托的种类

| 分类标准 | 类型 |
| --- | --- |
| 以受益人是否为委托人为标准来划分 | 自益信托、他益信托 |
| 以受益人是否特定为标准来划分 | 私益信托、公益信托 |

### 二、信托法律关系

**1. 概念与形成**

信托法律关系是指因设立信托关系而在委托人、受托人和受益人之间以信托财产为基础而产生的权利义务关系。信托行为除了要满足一般的民事行为要件外，还必须满足：（1）信托目的必须合法；（2）信托财产确定、合法；（3）有确定的受益人或受益人范围。

**2. 主体**

信托法律关系的主体包括委托人、受托人、受益人。

委托人，亦称信托人，是指提供财产而设立信托的人。受托人，是指接受委托人的委托而对信托财产进行管理或处理的人。受益人，是指基于信托行为享受信托利益的人。

**3. 内容**

委托人享有知情权、管理方法变更权、解任权等，负有转移受托财产和支付报酬的义务。受托人负有管理信托财产、处理信托事务的义务，注意义务，忠实义务，报告义务，保密义务，交付利益义务等，其中管理信托财产、处理信托义务既是义务，也是权利。另外，受托人还享有获得报酬的权利。受益人主要享有获得利益的权利。另外，受益人还享有监督、调查受托人对信托财产的管理、经营状况和撤换不胜任的受托人的权利。

**4. 变更及终止**

信托关系一经建立，各方即受约束。

有下列情形之一的，委托人可以变更受益人或者处分受益人的信托收益权：

（1）受益人对委托人有重大侵权行为；

（2）受益人对其他共同受益人有重大侵权行为；

（3）经受益人同意；

（4）信托文件规定的其他情形。

有下列情形之一的，信托终止：

（1）发生上述可变更受益人或处分信托受益权之情形（1）、（3）、（4）项，委托人可以解除信托；

（2）信托文件规定的终止事由发生；

（3）信托期限届满；

（4）信托的存续违反信托目的；

（5）信托目的已经实现或不能实现；

（6）信托当事人协商同意终止；

（7）信托被撤销或被解除。

## 练习题

**1. 名词解释**

（1）私益信托

（2）公益信托

（3）自益信托

（4）信托财产独立性

**2. 单项选择题**

（1）信托行为设立的基础是（　　）。

    A. 委托            B. 金钱            C. 股权            D. 信任

（2）在整个信托期间，在受托人无过失的情况下风险由（　　）承担。

    A. 受益人        B. 委托人        C. 受托人        D. 保险公司

（3）（　　）是信托的基本职能，具有重要的社会经济意义。

    A. 资金融通职能                 B. 社会投资职能

    C. 财产事务管理职能            D. 社会福利职能

（4）信托财产的有限性是指对（　　）权利的限制。

    A. 受益人        B. 委托人        C. 受托人        D. 担保人

（5）在特定金钱信托业务中，在受托人无过失的情况下，一旦出现财产运用损失，由（　　）负责。

    A. 委托人和受益人            B. 委托人和受托人

    C. 受托人和受益人            D. 受托人和担保人

（6）下列财产中可作为信托财产使用的是（　　）。

    A. 麻醉品        B. 放射物品        C. 国家级文物       D. 软件版权

（7）有权申请撤销可撤销信托行为的人是（　　）。

    A. 对信托财产有争议的第三人        B. 受益人的监护人

    C. 利益受到损害的委托人的债权人    D. 受托人

（8）下列关于信托委托人的各项说法中正确的一项是（　　）。

    A. 委托人只能是法人或者依法成立的其他组织

    B. 信托关系成立后，委托人仍保留对信托财产的处置权

    C. 委托人有权申请人民法院撤销受托人违反信托目的处分信托财产的行为

    D. 在任何情况下，委托人都无权干涉受托人对信托财产的管理

（9）下列各项中不属于委托人的权利的一项是（　　）。

    A. 查阅、抄录或者复制与其信托财产有关的信托账目

    B. 了解其信托财产的管理、处分及收支情况，并有权要求受托人作出说明

    C. 在信托存续期间将信托财产列为遗产

    D. 因特别事由要求受托人调整信托财产的管理方法

（10）受益人自（　　）起享有信托受益权。

    A. 信托财产转移占有之日           B. 信托生效之日

    C. 受托人接受信托之日            D. 被委托人指定之日

**3. 多项选择题**

（1）下面关于委托人的描述正确的有（　　）。

    A. 委托人必须是财产的合法拥有者

    B. 委托人必须是有完全民事行为能力的法人

    C. 委托人既可以是一个人，又可以是多个人

D. 委托人与受益人可以是同一人

E. 禁治产人也可以充当委托人

(2) 关于委托人、受托人和受益人的描述正确的是（　　）。

A. 可以是一人或多人

B. 既可以是法人，又可以是自然人

C. 法律上对于三个当事人的资格都无限制

D. 受托人不能充当受益人和委托人

(3) 信托财产具备的特性是（　　）。

A. 独立性 　　　　　　　　　　B. 相关性

C. 物上代位性 　　　　　　　　D. 有限性

(4) 从受益人的角度对信托进行划分，我们可以将信托分为（　　）。

A. 公益信托 　　　　　　　　　B. 他益信托

C. 自益信托 　　　　　　　　　D. 私益信托

(5) 按照《中华人民共和国信托法》的规定，引起信托终止的情形包括（　　）。

A. 受托人死亡 　　　　　　　　B. 信托的存续违反信托目的

C. 委托人死亡 　　　　　　　　D. 信托目的不能实现

E. 信托被撤销

**4. 问答题**

(1) 简要说明受托人的权利和义务。

(2) 试述信托的特征。

第十章

# 金融法

 **教学大纲**

　　本章主要涉及中央银行、商业银行、金融监管和外汇管理等内容。通过本章的学习，学生能够熟悉中央银行的性质和职能，了解商业银行经营的基本原则和业务范围，对我国金融监管体系建立起初步的认识，并对我国目前的外汇管理制度有所了解。

 **重要概念**

|  |  |
| --- | --- |
| （1）金融 | （2）中央银行 |
| （3）货币政策 | （4）存款准备金 |
| （5）再贴现 | （6）公开市场操作 |
| （7）再贷款 | （8）商业银行 |
| （9）金融监管 | （10）外汇 |
| （11）外汇管理 | （12）资本项目 |

 **重点回顾**

　　金融是商品货币经济条件下各种金融机构以货币为对象、以信用为形式所进行的货币、资金融通活动。

## 一、中央银行法

### 1. 中央银行的法律行为与性质

　　中央银行法是确立中央银行的性质、地位与职责权限，规范中央银行的组织及其活动开展的法律规范的总称。中央银行法的基本内容包括：中央银行的法律地位，中央银行的职能，中央银行的组织体系，中央银行的货币政策工具，中央银行对货币的发行管理及对金银、外汇的管理。

　　中国人民银行是中华人民共和国的中央银行。中国人民银行在国务院的领导下，制定和执行货币政策。

中国人民银行是发行的银行、银行的银行、政府的银行。

**2. 货币政策工具**

货币政策是国家为了实现一定的经济目标而确立的组织、管理、调控、干预社会信用量的一种金融措施。货币政策工具是指中央银行为实现货币政策目标而运用的手段，分为一般性货币政策工具和选择性货币政策工具。前者主要包括：存款准备金率、再贴现、公开市场操作、再贷款、基准利率等。后者主要包括：信贷计划及贷款限额管理、特种存款账户、消费信用管理、不动产信用管理、证券保证金比例、道义劝告等。

ⅰ. 存款准备金率

存款准备金是指中央银行为使商业银行满足客户的存款提取和资金清偿需要而依法规定或调整商业银行缴存中央银行的存款准备金与其存款总额的比率，直接控制商业银行创造信用的能力、间接控制货币供应量的措施。存款准备金率就是金融机构向中央银行缴存的准备金与其存款总额的比率。

ⅱ. 再贴现

贴现是以未到期票据向银行融通资金，银行扣除从贴现日到票据到期日的利息后，以票面余额付给持票人资金的票据转让行为。再贴现就是贴现银行将贴现所获得的未到期票据向中央银行进行的再次转让。

ⅲ. 公开市场操作

公开市场操作是指中央银行在公开市场上交易有价证券从而调节货币存量的一种业务活动。

ⅳ. 再贷款

再贷款是中央银行向商业银行提供的贷款。

ⅴ. 基准利率

基准利率是指中央银行对金融机构制定的存贷款利率。

★ 上述五种货币政策工具的作用原理分别是什么？

**3. 人民币**

人民币是我国唯一的合法货币，禁止其他货币在我国境内流通。我国境内的一切货币收付、计价、结算、记账、核算都必须以人民币为本位币。人民币主币和辅币具有无限清偿能力。

所谓无限清偿能力是指法律赋予货币的无限支付能力，即在使用时，每次支付的数额不受限制，任何人均不得拒绝接受。

在我国人民币由中国人民银行统一印制、发行。人民币的发行遵循下列原则：

（1）集中统一管理的原则，即人民币由中国人民银行统一印制、发行。任何单位和个人都不得印制、发行代币票券。

（2）计划发行原则，即人民币的发行必须依法按照国家货币政策和发行计划进行。

（3）信用发行原则，即人民币的发行必须根据国民经济发展需要和商品流通的实际需求，通过银行的信贷渠道有计划地进行。中国人民银行不得对政府财政透支。

### 二、商业银行法

#### 1. 概述

广义的商业银行法是指调整商业银行在经营法定业务过程中发生的社会关系的法律规范的总称。狭义的商业银行法是指某一单行的商业银行法律。

我国法律所称的商业银行指依法设立的吸收公众存款、发放贷款、办理结算等业务的企业法人。

● 补充

与商业银行相对应的另外一个概念为政策性银行，是指那些多由政府创立、参股或保证的，不以营利为目的，专门为贯彻、配合政府社会经济政策或意图，在特定的业务领域内，直接或间接地从事政策性融资活动，充当政府发展经济、促进社会进步、进行宏观经济管理的工具的金融机构。我国目前的政策性银行有中国进出口银行、中国农业发展银行。

#### 2. 设立

商业银行的设立除需满足一般企业法人的设立要求之外，还需具备一些特殊条件，包括注册资本额、董事和高级管理人员的条件、组织机构和管理制度等方面。

各类银行的注册资本（或运营资本）要求见表 10 - 1。

表 10 - 1 各类银行的注册资本要求

| 银行类型 | 注册资本（或运营资本） |
|---|---|
| 全国性商业银行 | 10 亿元人民币<br>注册资本应为实缴资本 |
| 城市商业银行 | 1 亿元人民币<br>注册资本应为实缴资本 |
| 农村商业银行 | 5 000 万元人民币<br>注册资本应为实缴资本 |
| 外商独资、中外合资银行 | 10 亿元人民币或等值的自由兑换货币<br>注册资本应为实缴资本 |
| 外商独资银行、中外合资银行在我国的分行 | 由总行拨给不少于 2 亿元人民币或等值的自由兑换货币的运营资金，且该部分运营资金不超过总行资本金总额的 60% |

#### 3. 业务范围

目前《中华人民共和国商业银行法》（以下简称《商业银行法》）规定的业务范围涵盖四个方面：（1）包括吸收存款、发放贷款、国内外结算、票据承兑与贴现在内的传统业务；（2）包括发行金融债券、代理发行、代理兑付、承销政府债券、买卖政府债券和金融债券、同业拆借在内的特定信托业务；（3）包括买卖及代理买卖外汇、提供信用证服务及担保、代理收付款项及代理保险、提供保管箱服务等在内的服务性业务；（4）包括开办信用卡业务、房地产信贷业务、电子银行服务等在内的其他业务。

### 三、金融监管

#### 1. 概述

金融监管是金融监管机关依法对金融机构和金融活动进行直接限制与约束的一系列行

为的总称。其目的在于：（1）维护金融体系的安全和稳定；（2）促进金融业公平竞争；（3）保护投资者和存款人的合法利益。

**2. 中国银行业监督管理机构的设立及其职责**

2023 年 3 月 16 日，中共中央、国务院印发了《党和国家机构改革方案》，在中国银保监会基础上组建国家金融监督管理总局（以下简称"金融监管总局"），不再保留中国银保监会，金融监管总局作为国务院直属机构，行使中国人民银行对金融控股公司等金融集团的日常监管职责、有关金融消费者保护职责，中国证券监督管理委员会的投资者保护职责。

**3. 对商业银行的监督管理**

我国对商业银行的监督管理是多层次、多方面的（见图 10 - 1）：一是金融监管总局对商业银行的监督管理；二是商业银行内部的监督管理；三是审计机关的监督管理。

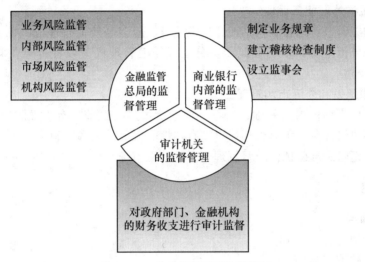

**图 10 - 1 对商业银行的监督管理**

## 四、外汇管理法

**1. 概述**

外汇是指以外国货币表示的、用于国际结算的各种信用凭证和支付凭证，包括一切可以用于清偿他国债务的货币和其他资产。

外汇管理又称外汇管制，是指一个国家为保障本国经济发展、稳定货币金融秩序、保持国际收支平衡和本国货币汇价水平稳定，通过法令形式对外汇的收支、买卖、转移、国际结算、外汇汇率和外汇市场等实行的干预及限制管理制度。

**2. 外汇管理机构与对象**

国家外汇管理局及其分局是我国现行外汇管理机构，统称外汇管理机关。

凡是我国境内的企事业单位、国家机关、社会团体、部队和外商投资企业、个人、外国政府及公司驻华机构和来华人员的外汇收支或者经营活动，均适用《中华人民共和国外汇管理条例》（以下简称《外汇管理条例》）。

### 3. 经常项目外汇管理

经常项目是指国际收支中经常发生的交易项目,包括贸易收支、劳务收支、单方转移等。

《外汇管理条例》大大简化了对经常项目外汇管理的规定。基本原则是:对经常性国际支付和转移不予限制。

### 4. 资本项目外汇管理

资本项目是指国际收支中因资本输出和资本输入而产生的资产与负债的增减项目,包括直接投资、各类贷款、证券投资等。在资本项目下的外汇称为资本项目外汇。

资本项目外汇收入,可以保留或者卖给经营结汇、售汇业务的金融机构。

资本项目外汇支出,应当按照规定,凭有效单证以自有外汇支付或者向经营结汇、售汇业务的金融机构购汇支付。

### 5. 金融机构外汇业务管理

金融机构经营或者终止经营结汇、售汇业务,应当经外汇管理机关批准;经营或者终止经营其他外汇业务,应当按照职责分工经外汇管理机关或者金融业监督管理机构批准。

### 6. 人民币汇率和外汇市场管理

我国实行以市场供求为基础、参考一篮子货币进行调节、有管理的浮动汇率制度。人民币汇率不再钉住单一美元,形成更富有弹性的人民币汇率机制。

国务院外汇管理部门依法监督管理全国的外汇市场。

 **练习题**

#### 1. 名词解释

(1) 中央银行法

(2) 货币政策工具

(3) 存款准备金

(4) 经常项目外汇

#### 2. 单项选择题

(1) 金融监管总局替代中国人民银行行使(    )职能,中国人民银行将集中行使(    )职能。

    A. 金融监管;货币发行　　　　　B. 货币政策;金融监管

    C. 金融监管;货币政策　　　　　D. 货币政策;金融服务

(2) 中国人民银行在(    )的领导下,制定和执行货币政策。

    A. 国务院　　　　　　　　　　　B. 全国人大

    C. 国家主席　　　　　　　　　　D. 国务院总理

(3) 中国人民银行行长的人选,根据(    )的提名,由全国人民代表大会决定;全国人民代表大会闭会期间,由全国人民代表大会常务委员会决定,由中华人民共和国主席任免。

    A. 国务院总理　　　　　　　　　B. 国家主席

    C. 全国人大常委会委员长　　　　D. 财政部部长

(4) 人民币具有（ ），即法律赋予货币的无限支付能力，在使用时，每次支付的数额不受限制，任何人均不得拒绝接受。

  A. 无限核算能力        B. 无限流通能力

  C. 无限清偿能力        D. 上述选项都对

(5) 我国人民币由（ ）统一印制、发行，未经其授权，任何单位和个人均不得印制、发行人民币。

  A. 金融监管总局        B. 中国人民银行

  C. 国务院           D. 中国人民银行及商业银行

(6) 商业银行的经营原则为安全性、（ ）、效益性，实行自主经营，自担风险，自负盈亏，自我约束。

  A. 稳健性          B. 流动性

  C. 自主性          D. 计划性

(7) 根据《商业银行法》的规定，设立全国性商业银行的注册资本最低限额为（ ）亿元人民币，城市商业银行的注册资本最低限额为（ ）亿元人民币。

  A. 10；2          B. 20；5

  C. 20；3          D. 10；1

(8) 金融监管总局主要在业务风险、（ ）、市场风险和机构风险四大领域进行监管。

  A. 外部风险         B. 利率风险

  C. 内部风险         D. 经营风险

(9) 下列不属于外汇的为（ ）。

  A. 外国货币         B. 外币银行存款凭证

  C. 人民币票据        D. 特别提款权

(10) 自 2005 年 7 月 21 日起，我国开始实行以市场供求为基础、参考（ ）货币进行调节、有管理的浮动汇率制度。

  A. 一篮子          B. 美元

  C. 欧元           D. 美元和欧元

**3. 多项选择题**

(1) 中央银行的性质包括（ ）。

  A. 中央银行是发行的银行     B. 中央银行是银行的银行

  C. 中央银行是政府的银行     D. 中央银行是人民的银行

(2) 中国人民银行的主要货币政策工具包括（ ）。

  A. 存款准备金率       B. 再贴现

  C. 公开市场操作       D. 再贷款

(3) 人民币发行遵循的原则有（ ）。

  A. 集中统一管理原则      B. 限额发行原则

  C. 计划发行原则       D. 信用发行原则

(4)《商业银行法》规定的商业银行的传统业务是指（ ）。

  A. 吸收公众存款；发放短期、中期和长期贷款

B. 发行金融债券；代理发行、代理兑付、承销政府债券

C. 办理国内外结算；办理票据承兑与贴现

D. 电子银行服务和各种查询业务

(5) 以下哪些属于经常项目收支？（　　）。

  A. 贸易收支        B. 劳务收支

  C. 单方转移支付      D. 证券投资

(6) 根据 2008 年修订的《外汇管理条例》，以下关于经常项目外汇管理的规定，哪些是正确的？（　　）。

  A. 我国目前经常项目外汇管理的基本原则是：对经常性国际支付和转移不予限制

  B. 境内机构的经常项目外汇收入必须调回境内

  C. 境内机构的经常项目外汇收入，应当按规定出售给外汇指定银行，或者经批准在外汇指定银行开立外汇账户

  D. 经常项目外汇收入可按规定保留或者卖给金融机构。经常项目外汇支出按汇付与购汇的管理规定，凭有效单证以自有外汇支付或者向金融机构购汇支付

(7) 根据 2008 年修订的《外汇管理条例》，以下关于资本项目外汇管理的规定，哪些是正确的？（　　）。

  A. 资本项目外汇收入，除国务院另有规定外，应当调回境内，并按照国家有关规定在外汇指定银行开立外汇账户，或者经外汇管理机关批准，卖给外汇指定银行

  B. 资本项目外汇收入，可以保留或者卖给经营结汇、售汇业务的金融机构，但应当经外汇管理机关批准，国家规定无须批准的除外

  C. 资本项目外汇支出，应当按照规定，凭有效单证以自有外汇支付或者向经营结汇、售汇业务的金融机构购汇支付

  D. 资本项目外汇及结汇资金，应当按照有关主管部门及外汇管理机关批准的用途使用

## 4. 问答题

(1) 我国对商业银行的监督管理有哪几个方面？

(2) 金融监管总局的主要职责是什么？

第十一章

# 知识产权法

 **教学大纲**

知识产权涵盖著作权、商标权、专利权三大方面的内容。通过本章的学习，掌握上述三大权利的概念和内容，对于商标权和专利权还需要熟悉权利的申请程序和保护手段。

 **重要概念**

（1）著作权          （2）邻接权

（3）商标权          （4）驰名商标

（5）注册商标的许可使用   （6）专利权

（7）发明专利、实用新型、外观设计  （8）申请在先原则

（9）专利权的强制许可

 **重点回顾**

### 一、著作权法

#### 1. 概述

著作权（又称版权）是指文学、艺术、科学作品的作者或其他著作权人对其作品在法律规定的期限内所享有的人身权利和财产权利的总称。著作权的特性包括：（1）著作权不可整体转让，但可转让部分权能；（2）著作人身权不可剥夺、不可扣押并且不可强制执行；（3）著作人身权具有永久性；（4）著作财产权具有期限性。

★ 著作权的哪些权利属于著作人身权？哪些权利属于著作财产权？

著作权法指调整因著作权的产生、控制、利用等而发生的各种社会关系的法律规范的总称。

我国著作权的保护采取自动取得制，著作权产生于作品创作完成时，作品一经创作

完成，作者即享有著作权。

**2. 著作权主体**

作者就是文学、艺术、科学作品的创作者，一般而言为自然人，在特殊情况下可以是法人和非法人组织。

除作者外，其他公民或法人、非法人组织也可以通过约定或者依照法律规定取得著作权，即可以通过转让、许可、继承、遗赠而取得著作财产权。

● 几类特殊作品的著作权归属（见表 11 - 1）

表 11 - 1　特殊作品的著作权归属

| 特殊作品 | 定义 | 著作权归属 | 其他 |
|---|---|---|---|
| 职务作品 | 一般职务作品：公民为完成法人或非法人组织的工作任务而创作的作品 | 作者 | 法人或非法人组织有优先使用权 |
| | 主要利用法人或非法人组织的物质技术条件创作并由法人或非法人组织承担责任的职务作品；法律特别规定或合同特别约定 | 法人或非法人组织 | 作者有署名权 |
| 合作作品 | 两人或两人以上合作创作的作品 | 合作作者 | 对可以分割使用的作品，作者对各自创作部分可单独享有著作权，但不得侵犯合作作品整体的著作权 |
| 汇编作品 | 即对他人的作品或作品片段或不构成作品的数据及其他材料进行独创性选编而产生的作品 | 汇编人 | 不得侵犯原作品的著作权 |
| 改编、翻译作品等 | 改编、翻译、注释、整理已有作品而产生的作品 | 改编者、翻译者、注释者、整理者 | 不得侵犯原作品的著作权 |
| 视听作品 | 视听作品和以类似摄制视听作品的方法创作的作品 | 制作人 | 编剧、导演、摄影、作词、作曲等作者享有署名权　对于剧本、音乐等可以单独使用的作品，作者有权单独使用该作品 |

**3. 著作权客体**

著作权的客体需满足：（1）独创性；（2）有具体的表现形式；（3）必须是在文学、艺术、科学领域创作的作品。

★所谓独创性是指作品是作者独立创作的结果而不是抄袭他人的作品，即使该作品与他人的作品类似，也应受著作权法的保护。

具体而言，著作权的客体包括：文字作品；口述作品；音乐、戏剧、曲艺、舞蹈、杂技艺术作品；美术、建筑作品；摄影作品；视听作品；工程设计图、产品设计图、地图、示意图等图形作品和模型作品；计算机软件；符合作品特征的其他智力成果。

**4. 著作权内容**

著作权的具体内容见图 11 - 1。

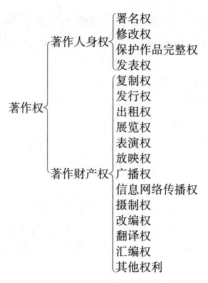

**图 11 - 1 著作权的内容**

### 5. 邻接权

● 著作权与邻接权的区别（见表 11 - 2）

**表 11 - 2 著作权与邻接权的区别**

| 区别 | 著作权 | 邻接权 |
|------|--------|--------|
| 主体不同 | 智力作品的创作者；<br>自然人或法人 | 出版者、表演者、音像作品制作者、广播电视组织；<br>多数为法人 |
| 保护对象不同 | 文学、艺术和科学作品 | 经过传播者的艺术加工之后的作品 |
| 受保护的前提不同 | 创作完成 | 著作权人的授权及对作品的再利用 |

邻接权的具体内容见图 11 - 2。

邻接权 {
出版者的权利
表演者的权利
录音录像制作者的权利
电视台、广播电台的权利

**图 11 - 2 邻接权的内容**

### 6. 对著作权的限制

（1）不经著作权人许可，不支付报酬而使用。

《中华人民共和国著作权法》（以下简称《著作权法》）规定了在某些情况下使用作品，可以不经著作权人许可，不向其支付报酬，但应当指明作者姓名或者名称、作品名称，并且不得影响该作品的正常使用，也不得不合理地损害著作权人的合法权益。

★ 对照《著作权法》第 24 条，了解条文中所规定的几种情形。

（2）不经著作权人许可，支付费用。

为实施义务教育和国家教育规划而编写出版教科书，可以不经著作权人许可，在教科书中汇编已经发表的作品片段或者短小的文字作品、音乐作品或者单幅的美术作品、摄影作品、图形作品，但应当按照规定向著作权人支付报酬，指明作者姓名或者名称、作品名称，并且不得侵犯著作权人依照《著作权法》享有的其他权利。

● 注意事项

（1）作者可事先声明不许使用；

（2）必须是已经发表的作品；

（3）需要支付报酬；

（4）作者享有署名权；

（5）对著作权人和邻接权人同样适用。

**7. 著作权集体管理**

著作权集体管理是指著作权集体管理组织经权利人授权，集中行使权利人的有关权利并以自己的名义进行的活动。目前我国已经成立了中国音乐著作权协会、中国音像著作权集体管理协会、中国文字著作权协会、中国摄影著作权协会和中国电影著作权协会。

**8. 著作权的法律保护**

侵犯著作权的行为，应当具备以下三个条件：（1）要有侵权事实；（2）行为具有非法性；（3）行为人主观有过错。实施侵犯著作权行为的主体应当承担民事责任、行政责任或刑事责任。

## 二、商标法

**1. 概述**

商标法是调整在商标的注册、使用、管理和保护过程中所发生的各种社会关系的法律规范的总称，其核心是确认和保护注册商标专用权。商标是商品和商业服务的标记，它是商品生产者、经营者、服务提供者为了使自己生产、销售的商品或提供的服务与其他商品或服务相区别而使用的一种标记。

《中华人民共和国商标法》（以下简称《商标法》）对不得作为商标使用的标志和不得作为注册商标的标志作出了较为明确的规定。不得作为商标使用的标志一般是因为其违反公序良俗或者与国家和某些机构组织有联系。不得作为注册商标的标志则是因为其不具有显著性特征。

★ 参照《商标法》，熟悉上述禁止性标志。

**2. 商标注册申请**

商标注册申请的主体可以是自然人、法人和其他组织，不限国籍，不限人数。

注册商标的构成要素为文字、图形、字母、数字、三维标志、颜色组合和声音等，以及上述要素的组合。商标必须具有显著性特征。

商标申请遵循一标多类原则、在先申请原则和优先权原则。

**3. 商标注册的审查和核准**

对商标实体内容的审查包括：（1）申请注册的商标是否具备法定构成要素和符合法定条件；（2）申请注册的商标的构成要素是否违背了法律的禁止使用标志条款；（3）申请商标注册不得损害他人现有的在先权利，不得抢注；（4）申请商标注册需以使用为目的。

● 商标注册流程（见图 11-3）

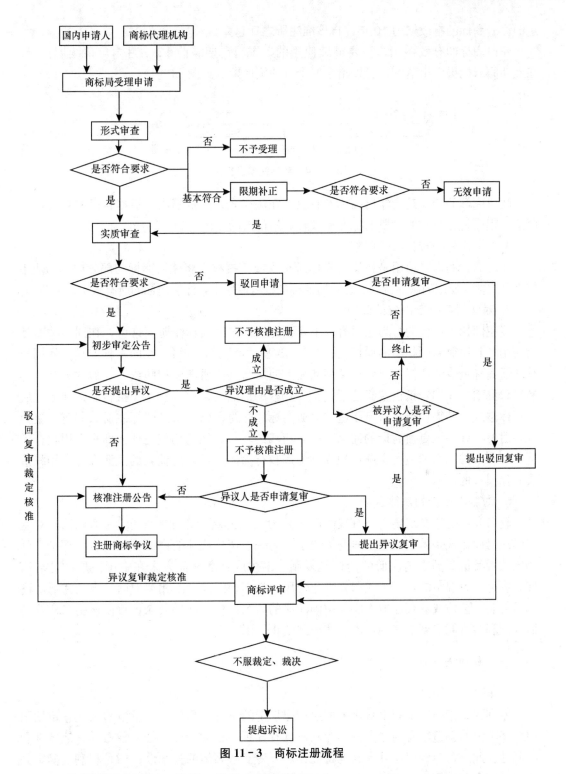

**图 11 - 3 商标注册流程**

## 4. 注册商标专用权、续展、转让与许可使用

注册商标专用权指法律赋予的商标注册人对其商标享有的专用权，有原始取得与继受取得两种取得方式。商标的使用许可主要指商标的独占和排他使用权。《商标法》规

定的注册商标的有效期为 10 年，自核准注册之日起算。

注册商标的有效期满，需要继续使用的，应当在期满前 12 个月内申请续展注册；在此期间未能提出申请的，可以给予 6 个月的宽展期（见图 11 - 4）。

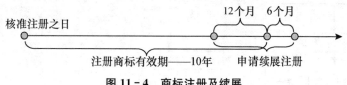

图 11 - 4　商标注册及续展

注册商标的转让是指注册商标专有权人在法律允许的范围内，根据自己的意志，依照法定程序将其所有的注册商标专用权转让给他人的法律行为。

★ 注册商标的转让有哪些限制？

注册商标的许可使用是指注册商标所有人或其授权人将注册商标的部分或全部使用权许可给他人使用的法律行为。在注册商标的许可使用中，注册商标的所有权不发生转移。

**5. 对注册商标专用权的保护**

侵犯商标专用权的行为主要有以下几种：（1）未经商标注册人许可，在同一种商品上使用与其注册商标相同的商标的；（2）未经商标注册人许可，在同一种商品上使用与其注册商标近似的商标，或者在类似商品上使用与其注册商标相同或者近似的商标，容易导致混淆的；（3）销售侵犯注册商标专用权的商品的；（4）伪造、擅自制造他人注册商标标志或者销售伪造、擅自制造的注册商标标志的；（5）未经商标注册人同意，更换其注册商标并将该更换商标的商品又投入市场的；（6）故意为侵犯他人商标专用权行为提供便利条件，帮助他人实施侵犯商标专用权行为的；（7）对他人的注册商标专用权造成其他损害的。

**6. 对驰名商标的法律保护**

驰名商标是指在市场上享有较高声誉并为相关公众所熟知的商标。《商标法》对驰名的注册商标或是驰名的未注册商标给予了与一般商标或注册商标不同程度的保护：就相同或者类似商品申请注册的商标是复制、摹仿或者翻译他人未在中国注册的驰名商标，容易导致混淆的，不予注册并禁止使用；就不相同或者不相类似商品申请注册的商标是复制、摹仿或者翻译他人已在中国注册的驰名商标，误导公众，致使该驰名商标注册人的利益可能受到损害的，不予注册并禁止使用。

### 三、专利法

**1. 概述**

专利权是指国家专利主管机关依照法律规定的条件和程序，授予申请人在一定期限内对某项发明创造享有的独占权。专利权具有知识产权的一般特征：独占性、地域性和时间性。此外，专利权还具有其他特征：（1）专利权客体的公开性；（2）权利的确定必须由国家专利主管机关授予；（3）权利的排他性。

专利法是调整申请、取得、利用和保护专利过程中发生的各种社会关系的法律规范的总称。

**2. 专利权的主体、客体和内容**

专利权主体即专利权人，是指依法获得专利权，并承担与此相应的义务的自然人和社会组织。专利权人的具体内涵见表11-3。

表11-3 专利权人的类型

| 专利权人 | 构成要件 |
|---|---|
| 非职务发明创造的发明人或者设计人 | ①直接参加发明创造活动<br>②对发明创造的实质性特点作出创造性贡献 |
| 职务发明创造的发明人或者设计人所在单位 | 执行本单位的任务或者主要是利用本单位的物质技术条件完成的发明创造 |
| 共同发明创造的发明人或者设计人 | ①两个以上单位或者个人合作完成的发明创造<br>②可通过协议改变 |
| 委托完成的发明创造的发明人或者设计人 | ①接受他人委托而完成的发明创造<br>②可通过协议改变 |
| 发明创造的合法受让人 | 专利申请人、专利权人可以依法转让其专利申请权和专利权 |
| 外国人 | ①在我国境内有经常居所或营业所的，与我国国民等同<br>②在我国境内没有经常居所或者营业所的，依照《巴黎公约》或其所属国与我国签订的协议或互惠原则 |

专利权客体是指专利权主体的权利义务所共同指向的对象。专利法所称的专利是指发明、实用新型和外观设计。发明是指对产品、方法或者其改进所提出的新的技术方案。实用新型是指对产品的形状、构造或者其结合所提出的实用的新的技术方案。外观设计是指对产品的形状、图案或者其结合以及色彩与形状、图案的结合所作出的富有美感并适于工业应用的新设计。

专利权的内容是指专利权人依照专利法规定所享有的权利和应当履行的义务。按照《中华人民共和国专利法》（以下简称《专利法》）的规定，专利权人享有独占权、转让权、实施许可权和专利标记权。

**3. 专利权的申请原则与取得条件**

专利权的申请要求遵循以下原则：（1）一发明一专利原则；（2）申请在先原则；（3）优先权原则。

● 对比记忆商标权的优先权原则和专利权的优先权原则（见表11-4）

表11-4 商标权的优先权原则和专利权的优先权原则的对比

| | 商标权的优先权 | 专利权的优先权 |
|---|---|---|
| 外国优先权 | ①在外国第一次提出商标注册申请之日起6个月内提出申请<br>②在中国就相同商品以同一商标提出商标注册申请<br>③该外国和我国之间相互承认优先权原则 | ①发明或者实用新型在外国第一次提出专利申请之日起12个月内申请，外观设计在外国第一次提出专利申请之日起6个月内申请<br>②在中国就相同主题提出专利申请<br>③该外国和我国之间相互承认优先权原则 |
| 本国优先权 | ①商标在中国政府主办的或者承认的国际展览会展出的商品上首次使用<br>②自该商品展出之日起6个月内提出申请 | ①发明或者实用新型已经在中国提出专利申请<br>②自第一次提出申请之日起12个月内再次提出申请 |

授予专利权的发明和实用新型应当具有新颖性、创造性和实用性。授予专利权的外观设计应当具有新颖性。

**4. 专利权取得的程序**

发明专利申请的流程为：初步审查（形式审查）→早期公开→实质审查→通知申请人陈述或修改申请书→驳回申请或授予专利权。

实用新型和外观设计专利申请经初步审查没有发现驳回理由的，授予专利权，发给相应的专利证书，同时予以登记和公告。

发明、实用新型和外观设计专利权均自公告之日起生效。

专利申请人对国务院专利行政部门驳回申请的决定不服的，可以向国务院专利行政部门请求复审。对复审结果不服的，可以向人民法院起诉。

国务院专利行政部门授予专利申请人专利权后，该专利权还有可能被国务院专利行政部门宣告无效。被宣告无效的专利权视为自始即不存在。

**5. 专利权的限制**

对专利权的保护并不是绝对的，也有一些限制。

对专利权的合理利用不视为侵犯专利权，包括：专利权用尽、先用权人的实施、临时过境、为科学研究而使用和为通过行政审批所需。

另外，专利实施的强制许可也是对专利权的限制。所谓强制许可是指国家主管专利的机关可以不经专利权人的同意，通过行政申请程序直接允许申请者实施发明专利或实用新型专利，并向其颁布实施专利的强制许可。实施强制许可的法定情形包括三种：一般强制许可、为了公共利益的强制许可和有依赖关系专利的强制许可。

★被强制许可的专利只涉及发明和实用新型。

★对照法律条文，了解专利权的合理使用和专利实施的强制许可不同情形的具体含义。

**6. 专利权的保护**

发明专利权的保护期限为20年，实用新型专利权的期限为10年，外观设计专利权的期限为15年，均自申请日起计算。专利权人需按照规定缴纳年费，否则会导致专利权的终止。

专利侵权行为包括：未经专利权人许可实施其专利；假冒他人专利；以非专利产品冒充专利产品、以非专利方法冒充专利方法；等等。侵权人承担相应的民事、行政甚至刑事责任。

## 练习题

**1. 名词解释**

（1）著作权

（2）职务作品

（3）邻接权

（4）商标

（5）发明

**2. 单项选择题**

(1) 不属于著作权取得方式的为（　　）。

　　A. 自动取得　　　　B. 标记取得　　　C. 注册取得　　　D. 评比取得

(2) 公民的作品，其发表权及其他经济权利为作者终生及其死亡后 50 年，截止于作者死亡后第 50 年的 12 月 31 日；如果是合作作品，截止于（　　）第 50 年的 12 月 31 日。

　　A. 最后死亡的作者死亡后　　　　　　B. 首先死亡的作者死亡后

　　C. 作品完成之日起　　　　　　　　　D. 作品公开之日起

(3) 在公民所享有的著作权中（　　）可以作为遗产，在公民死亡后可以由其继承人继承。

　　A. 人身权利　　　　　　　　　　　　B. 财产权利

　　C. 人身权利和财产权利　　　　　　　D. 人身权利或财产权利

(4) 视听作品中的电影作品、电视剧作品，其著作权由（　　）享有，但编剧、导演、摄影、作词、作曲等作者享有署名权。

　　A. 作者　　　　　　B. 导演　　　　　C. 制作人　　　　D. 摄像

(5) 版式设计的保护期限为（　　）年，截止于首次出版后第（　　）年的 12 月 31 日。

　　A. 10；10　　　　　B. 5；5　　　　　C. 50；50　　　　D. 20；20

(6) 不侵犯著作权人权利的行为有（　　）。

　　A. 报纸、期刊、广播电台、电视台等媒体刊登或者播放在公众集会上发表的讲话，但作者声明不许刊登、播放的除外

　　B. 未经著作权人许可，以展览、摄制视听作品的方法使用作品，或者以改编、翻译、注释等方式使用作品的

　　C. 未经出版者许可，使用其出版的图书、期刊的版式设计的

　　D. 未经著作权人许可，复制、发行、表演、放映、广播、汇编、通过信息网络向公众传播其作品的

(7) 可以由著作权集体管理组织进行集体管理的权利不包括（　　）。

　　A. 表演权　　　　　B. 放映权　　　　C. 广播权　　　　D. 获得报酬权

(8) 不属于商标禁止使用的标志是（　　）。

　　A. 与中国国旗相同的

　　B. 与中国中央政府所在地的标志性建筑、名称相同的

　　C. 外国州、省行政区划名称

　　D. 与"红十字"名称相同的

(9) F 和 G 共同申请相同的注册商标，F 已经在其商品上使用了该商标，而 G 尚未使用，但 G 先向商标主管机关申请注册商标，商标主管机关应认定（　　）通过该商标的注册，成为商标权人。

　　A. F　　　　　　　B. F 和 G 协商　　　C. F 和 G 同时　　D. G

(10) 商标在中国政府主办的或者承认的国际展览会展出的商品上首次使用的，自该商品展出之日起（　　）个月内，该商标的注册申请人可以享有优先权。

A. 6        B. 10        C. 5        D. 12

(11) 商标注册申请人在不同类别的商品上申请注册同一商标的，（    ）。

     A. 可以提出一份注册申请

     B. 应当按照商品分类表提出注册申请

     C. 只需提出一份注册申请即可

     D. 应当按照不同的商品分别提出注册申请

(12) 韩国的 G 公司允许中国的 S 公司在中国境内使用其注册商标，后经 S 公司了解，在韩国，G 公司还允许另一个韩国公司使用该相同的商标，G 公司的该许可行为是（    ）。

     A. 独占许可使用           B. 一般许可使用

     C. 排他许可使用           D. 地域许可使用

(13) 专利权主体即专利权人，是指依法获得专利权，并承担与此相应的义务的自然人和社会组织。下列不是专利权人的有（    ）。

     A. 职务发明创造的发明人，其发明是执行本单位的任务所完成的职务发明创造

     B. 共同发明创造的发明人

     C. 发明创造的合法受让人

     D. 委托完成的发明创造的发明人

(14) 依《专利法》的规定，专利申请日的确定错误的为（    ）。

     A. 国务院专利行政部门收到专利申请文件之日

     B. 优先权日

     C. 申请文件是邮寄的，以寄出的邮戳日为申请日

     D. 以申请文件上的日期为申请日

(15) 专利申请人对国务院专利行政部门驳回申请的决定不服的，可以自收到通知之日起（    ）个月内，向国务院专利行政部门请求复审。

A. 3        B. 2        C. 5        D. 6

(16) 甲、乙、丙、丁四人合作创作一部小说，甲欲授权一电影制片厂将该小说改编成电影，乙欲授权一出版社出版，丙对这两种做法均表示反对，丁没有发表任何意见。对此，下列哪一选项是正确的？（    ）。

     A. 如果丙坚持反对，甲、乙均不能将作品许可他人使用

     B. 甲、乙可以不顾丙的反对，将作品许可他人使用

     C. 如果丁同意，则甲、乙可以不顾丙的反对，将作品许可他人使用

     D. 如果丁也表示反对，则甲、乙不能将作品许可他人使用

**3. 多项选择题**

(1) 属于著作财产权的有（    ）。

     A. 发表权           B. 复制权

     C. 展览权           D. 出版权

(2)《商标法》规定的商标有（    ）。

     A. 商品商标           B. 服务商标

     C. 证明商标           D. 集体商标

（3）对驰名商标的说法，正确的有（　　　）。

A. 驰名商标具有较高声誉，标有该商标的商品质量好，信誉高

B. 驰名商标为所有人熟知

C. 驰名商标只能是注册商标，不能是未注册商标

D. 驰名商标可以防止相同或类似的标志在不同种类的商品上进行商标注册

（4）我国法律规定的专利权的客体主要有（　　　）。

A. 发明　　　　　　　　　　　B. 科学发现

C. 实用新型　　　　　　　　　D. 外观设计

（5）我国法律规定的专利权取得的条件为（　　　）。

A. 发明和实用新型取得专利权应当具备创造性和实用性，可不具备新颖性

B. 外观设计取得专利权应当具有新颖性

C. 应当不属于法律规定不被授予专利权的情形

D. 发明取得专利权应具备创造性、实用性和新颖性

（6）《著作权法》不适用于下列哪些选项？（　　　）。

A. 法院判决书

B.《解决国家与他国国民间投资争端公约》的中文译本

C. 奥运会开幕式的火炬点燃创意

D.《伯尔尼公约》成员国国民的未发表且未经我国有关部门审批的境外影视作品

（7）下列哪些行为侵犯了知识产权？（　　　）。

A. 甲、乙公司都从事考研培训，甲公司在先注册有"起航"商标，乙公司在自己的企业字号中也使用"起航"商标

B. 小王从图书市场购买盗版图书再销售

C. 甲超市购进乙公司生产的台灯进行销售，后得知该台灯侵害了他人外观设计专利权便下架不再销售

D. 因为赞助国内某大型综艺节目，"酸酸乳"商标尚未注册便在短时间内被人们广为知晓，甲公司乘机也推出了"果粒酸酸乳"品牌奶制品

（8）吴某 2020 年 10 月 1 日在天涯论坛上开始陆续发表自己的原创小说《白即是黑》。该小说于 2020 年 10 月 30 日连载完毕，获得了网友的广泛好评。后甲出版社联系吴某出版该小说，该小说于 2021 年 1 月出版。乙文化公司与吴某联系将《白即是黑》改编为剧本，剧本改编完成时间为 2021 年 3 月，后于 2021 年 7 月拍摄完同名电视剧，电视剧于 2021 年 9 月在北京卫视首播。下列选项错误的是（　　　）。

A. 吴某对其小说享有的著作权截止时间为 2070 年 12 月 31 日

B. 甲出版社对图书享有的版式设计权截止时间为 2031 年 12 月 31 日

C. 乙文化公司对《白即是黑》电视剧享有的著作权截止时间为 2071 年 12 月 31 日

D. 乙文化公司对《白即是黑》剧本享有的著作权截止时间为 2071 年 3 月

**4. 问答题**

请比较《商标法》和《专利法》规定的优先权。

**5. 案例题**

（1）甲厂是有几十年酿酒史的老酒厂，拥有"丰华""丰花""风华"三个注册商标，但只有"丰华"商标经常使用。甲厂因经营策略需要设立了一个全资子公司乙公司，甲厂打算将其商标"丰华"转移给乙公司，于是向商标局提出了变更商标注册人名义的申请。

问题：该申请能否获批？法律依据是什么？

（2）老王酷爱京剧脸谱，毕生精力都投入京剧脸谱绘画的创作中。其不仅自己创作京剧脸谱，而且受他人委托创作京剧石膏脸谱。老王的好友老李平日里非常照顾老王，老王为了表达感谢，向老李赠送了不少京剧脸谱。因老王在脸谱创作方面的深厚造诣，中国京剧研究院邀请其进入该院工作，参加京剧脸谱百科全书的编纂。

问题：案例中涉及哪些类别的作品？这些作品的著作权分别由谁享有？

第十二章

# 产品质量法与消费者权益保护法

## 📁 教学大纲

通过本章的学习，了解生产者和销售者的义务，以及消费者的权益。明确不同消费权益争议中责任的承担主体，以及消费者的救济途径。在实践中，能够明确自身的权利和义务，有效维护自身的合法权益。

## 📁 重要概念

（1）产品质量法
（2）消费者

## 📁 重点回顾

### 一、产品质量法

我国法律所称产品，是指经过加工、制作，用于销售的产品。

产品质量是指产品本身符合人们需要的特征和特性的总和。产品质量最基本的要求是：符合国家法律、法规规定的保障人身和财产安全的标准，不存在危及人身、财产安全的不合理危险；具备产品应当具备的使用性能；符合产品或其包装上注明采用的产品标准和状况。

产品质量法是指调整产品质量关系的法律规范的总称。

**1. 生产者的产品质量义务**

根据《中华人民共和国产品质量法》（以下简称《产品质量法》）的规定，生产者的产品质量义务主要有以下几项：

（1）产品内在质量应当符合法定要求。

（2）产品包装标志符合法定要求。

（3）特殊产品的包装符合法定要求。特殊产品包括易碎、易燃、易爆、有毒、有腐蚀性、有放射性等危险物品以及储运中不能倒置和其他有特殊要求的产品等。

（4）不得违反禁止性规定。

禁止性规定主要包括：①不得生产国家明令淘汰的产品；②不得伪造产地，不得伪造或者冒用他人的厂名、厂址；③不得伪造或者冒用认证标志等质量标志；④不得掺杂、掺假，不得以假充真、以次充好，不得以不合格产品冒充合格产品。

**2. 销售者的产品质量义务**

根据《产品质量法》的规定，销售者的产品质量义务主要包括以下内容：

（1）执行进货检查验收制度；

（2）采取措施，保持产品质量；

（3）销售产品的标志应当符合法律规定；

（4）不得实施法律所禁止的行为。

禁止行为的法律规定包括：①不得销售国家明令淘汰并停止销售的产品和失效、变质的产品；②不得伪造产地，不得伪造或者冒用他人的厂名、厂址；③不得伪造或者冒用认证标志等质量标志；④销售者销售产品，不得掺杂、掺假，不得以假充真、以次充好，不得以不合格产品冒充合格产品。

## 二、消费者权益保护法

消费者是指为了生活需要购买、使用商品或者接受服务的个体社会成员。有三点需要注意：（1）消费者是以生活消费为目的；（2）消费者的消费表现为购买、使用商品或接受服务；（3）消费者是个体社会成员。

消费者权益保护法是保护消费者合法权益的法律规范的总称。遵循自愿、平等、公平、诚实信用原则和对消费者进行特别保护原则。自愿，即消费者与经营者进行交易应当是完全出于自己的真实意愿，不受任何干涉或强迫。平等，即消费者与经营者在法律地位上是平等的，同样地受到法律的保护和制裁。公平，即消费者与经营者进行交易时，双方的权利均受到尊重。诚实信用，即消费者与经营者在交易过程中信守承诺，不做虚假陈述或者隐瞒事实。

## 三、消费者的权利和经营者的义务

**1. 消费者权利的概念与内容**

消费者的权利是指消费者在购买、使用商品或接受服务时，在消费领域依法所享有的各种权能。《中华人民共和国消费者权益保护法》（以下简称《消费者权益保护法》）规定了消费者享有的9项权利：

（1）保障安全权；

（2）知悉真情权；

（3）自主选择权；

（4）公平交易权；

（5）依法求偿权；

（6）依法结社权；

（7）获取知识权；

（8）获得尊重权；

（9）监督批评权。

**2. 经营者义务的概念与内容**

经营者的义务是指经营者在经营活动中应履行的法律义务。《消费者权益保护法》规定了经营者的 12 项主要义务：

（1）依法和依约定履行的义务；

（2）听取意见和接受监督的义务；

（3）保障安全的义务；

（4）危险产品召回的义务；

（5）提供真实信息的义务；

（6）标明经营者真实身份的义务；

（7）出具购货凭证和单据的义务；

（8）保证质量的义务；

（9）退换货义务；

（10）不得排除或限制消费者权利的义务；

（11）不得侵犯消费者人格权的义务；

（12）保护消费者信息义务。

**3. 消费权益争议的概念与解决途径**

消费权益争议是指消费者因消费权益受到侵害而与经营者之间发生的纠纷。

消费者如果认为自己的权益受损或者已经发生了实际的损害后果，可以通过下列途径解决：与经营者协商和解；请求消费者协会调解；向有关行政部门投诉；提请仲裁机构仲裁；向人民法院提起诉讼。

★ 以上救济途径不分先后。

**4. 消费权益争议的损害责任承担者**（见表 12 - 1）

表 12 - 1  消费权益争议的损害责任承担者

| 责任承担者 | 承担责任需满足的条件 |
| --- | --- |
| 生产者与销售者 | 消费者购买商品，因商品缺陷而遭受人身、财产损害的，不论导致缺陷者是生产者、销售者还是第三人，消费者均可向其中任意一方要求赔偿，作出赔偿一方还可以向最终责任人追偿 |
| 展销会的举办者与柜台的出租者 | 消费者在展销会、租赁柜台购买商品或接受服务，合法权益受损<br>展销会结束或者柜台租赁期满<br>展销会的举办者、柜台的出租者赔偿后，有权向销售者或服务者追偿 |
| 服务者 | 消费者接受服务，合法权益受损 |
| 承受原企业权利义务的企业 | 消费者购买、使用商品或接受服务，合法权益受损<br>原企业分立、合并 |

续表

| 责任承担者 | 承担责任需满足的条件 |
|---|---|
| 营业执照的持有人与使用人 | 使用他人营业执照的违法经营者提供商品或者服务，损害消费者合法权益的 |
| 广告主与广告经营者 | 消费者因经营者利用虚假广告或者其他虚假宣传方式提供商品或者服务，其合法权益受到损害的，可以向经营者（广告主）要求赔偿<br>广告经营者、发布者不能提供经营者的真实名称、地址和有效联系方式的，应当承担赔偿责任 |

 ## 练习题

**1. 名词解释**

（1）进货检查验收制度

（2）消费者

（3）消费权益争议

**2. 单项选择题**

（1）属于《产品质量法》规定的产品的是（　　）。

    A. 建设工程　　　　　　　　　B. 天然玉石

    C. 建设工程所用的钢材　　　　D. 土地

（2）下列不属于销售者的产品质量义务的是（　　）。

    A. 执行进货检查验收制度

    B. 在产品或者其包装上注明采用的产品标准，符合以产品说明、实物样品等方式表明的质量状况

    C. 销售产品的标志合法

    D. 销售者销售产品，不得掺杂、掺假，不得以假充真、以次充好，不得以不合格产品冒充合格产品

（3）购买、使用直接用于农业生产的生产资料的农民（　　）。

    A. 不属于消费者，也不享有消费者的权利

    B. 属于消费者，享有消费者的权利

    C. 不属于消费者，但享有消费者的权利

    D. 属于消费者，但不享有消费者的权利

（4）消费者最重要、最基本的权利是（　　）。

    A. 知悉真情权　　　　　　　　B. 保障安全权

    C. 自主选择权　　　　　　　　D. 公平交易权

（5）经营者应当向消费者提供有关商品或者服务的真实信息，不得做引人误解的虚假宣传，这是经营者的（　　）义务。

    A. 依法和依约履行　　　　　　B. 接受监督

    C. 表明经营者真实身份　　　　D. 提供真实信息

（6）经营者排除或限制消费者权利的方式不包括（　　）。

    A. 广告　　　　　　　　　　　B. 通知、声明

    C. 店堂告示　　　　　　　　　D. 格式合同

（7）租赁他人柜台或者场地的经营者，应当标明其（　　）。

    A. 商标
        B. 商号

    C. 真实名称和标记
    D. 柜台或场地号

（8）某超市销售的泡椒凤爪包装上的下列标示信息哪项不符合法律规定？（　　）。

    A. 注明生产日期和有效期 18 个月

    B. 注明产品名称和生产厂家名称，但没有厂家地址

    C. 产品质量检验合格证明

    D. 产品配料、成分含量

（9）下列哪项是新的《消费者权益保护法》增加的经营者义务？（　　）。

    A. 危险产品召回的义务

    B. 提供真实信息的义务

    C. 标明经营者真实身份的义务

    D. 出具购货凭证和单据的义务

（10）小王是网购达人。近日，其从某网站购买了一台单反相机，在家使用了三天后发现成像不是很满意，便联系卖家退货。下列选项正确的是（　　）。

    A. 小王可以在 10 日内无理由退货

    B. 如果相机存在质量问题，小王可以在 30 日内退货

    C. 小王可以在 7 日内退货

    D. 小王需要先找专业机构鉴定，认定相机存在质量问题后才能退货

**3. 多项选择题**

（1）产品内在质量的法定要求是（　　）。

    A. 不存在危及人身、财产安全的不合理的危险，有保障人体健康和人身、财产安全的国家标准、行业标准的，应当符合该标准

    B. 具备产品应当具备的使用性能，但对产品存在使用性能的瑕疵作出说明的除外

    C. 符合在产品或者其包装上注明采用的产品标准，符合以产品说明、实物样品等方式表明的质量状况

    D. 有产品质量检验合格证明

（2）包装质量要依照国家有关规定作出警示标志，需标明储运注意事项的产品是（　　）。

    A. 易碎产品
        B. 易燃、易爆物品

    C. 危险物品
        D. 储运中不能倒置的物品

（3）消费者权益保护法的基本原则是（　　）。

    A. 自愿
           B. 平等、公平

    C. 诚实信用
        D. 对消费者进行特别保护

（4）消费者如果认为自己的权益受损或者已经发生了实际的损害后果，可以通过（　　）解决。

    A. 与经营者协商和解
     B. 请求消费者协会仲裁

    C. 向有关行政部门申诉
    D. 向人民法院提起诉讼

（5）某网店销售杰克琼斯品牌男装，由于质优价廉，因此客户众多。在"双十一"促销期间，该网店推出大力度打折优惠活动。有用户要求网站提供销售发票，被告知促销活动销售的商品一律不提供发票。此次活动后不久，用户手机接到了"双十二"活动的多条促销信息，有用户要求别再向其发送促销短信，却被告知是系统自动发送，网店无法人工干预。在上述案例中，该网店违反了哪些经营者义务？（　　　）。

A. 保证质量义务　　　　　　　　B. 保护消费者信息义务

C. 出具购货凭证和单据的义务　　D. 提供真实信息的义务

（6）下列哪些情形可以退货？（　　　）。

A. 小王购买笔记本电脑才三天，发现硬盘损坏

B. 老李从集贸市场购买阳澄湖大闸蟹，后所购买大闸蟹被认定并非阳澄湖所产

C. 吴某购买的冰箱才使用1个月就发生了不制冷的情况，销售商曾在购货发票上注明1个月内因质量问题包退

D. 小徐从淘宝网购买了一只手表，到货后不喜欢，随即准备退货

**4. 问答题**

消费权益争议的损害责任承担者有哪些？

## 第十三章
# 竞争法

### 教学大纲

竞争法包括反不正当竞争法和反垄断法两大部分。对于反不正当竞争法，应理解反不正当竞争法的基本原则，重点掌握不正当竞争的几类行为，了解不正当竞争的法律责任。对于反垄断法，了解反垄断法的调整对象和适用范围，同样重点掌握垄断的几类行为，同时对相关法律责任也应有所了解。

### 重要概念

（1）不正当竞争

（2）垄断

（3）市场支配地位

（4）经营者集中

### 重点回顾

#### 一、反不正当竞争法

不正当竞争，是指经营者违反反不正当竞争法的规定，损害其他经营者的合法权益，扰乱社会经济秩序的行为。反不正当竞争法是指调整在维护公平竞争、制止不正当竞争过程中发生的社会关系的法律规范的总称。

反不正当竞争法遵循自愿、平等、公平以及诚实信用的原则。

《中华人民共和国反不正当竞争法》（以下简称《反不正当竞争法》）规定的不正当竞争行为有以下7种类型：

**1. 混淆行为**

混淆行为，是指经营者在市场交易中通过使用与他人相同或近似的标志、名称等手段提供商品或服务，导致消费者误认误购，以牟取非法利益的行为。包括：擅自使用与他人有一定影响的商品名称、包装、装潢等相同或者近似的标志；擅自使用他人有一定影响的企业名称（包括简称、字号等）、社会组织名称（包括简称等）、姓名（包括笔名、艺名、译名等）；擅自使用他人有一定影响的域名主体部分、网站名称、网页等；其他足以引人误认为是他人商品或者与他人存在特定联系的混淆行为。

**2. 商业贿赂**

商业贿赂，是指经营者采用财物或者其他手段对有关人员进行贿赂，以销售或者购买其商品的行为，如提供"回扣"。

**3. 虚假宣传或误导性宣传**

虚假宣传，是指经营者利用广告或者其他方法，对商品或服务的性能、功能、质量、销售状况、用户评价、曾获荣誉等内容进行与客观事实不完全相符或者纯属捏造的宣传行为。误导性宣传，是指经营者故意对商品的性能、功能、质量、销售状况、用户评价、曾获荣誉等内容做引人误解的宣传，以影响他人的认知，使他人对其商品的真实情况产生错误的联想。

**4. 侵犯商业秘密**

商业秘密，是指不为公众所知悉、能为权利人带来经济利益、具有实用性并经权利人采取保密措施的技术信息和经营信息。

侵犯商业秘密，是指行为人违反法律规定，获取、披露、使用或者允许他人使用权利人的商业秘密的行为。

**5. 不正当有奖销售**

《反不正当竞争法》规定了三种不正当有奖销售情形：所设奖的种类、兑奖条件、奖金金额或者奖品等有奖销售信息不明确，影响兑奖；采用谎称有奖或者故意让内定人员中奖的欺骗方式进行有奖销售；抽奖式有奖销售，最高奖的金额超过 5 万元。

**6. 诋毁商誉**

诋毁商誉，是指经营者通过编造、传播虚假事实等不正当手段，损害竞争对手的商业信誉、商品声誉的行为。

**7. 网络不正当竞争行为**

网络不正当竞争，是指经营者利用技术手段，通过影响用户选择或者其他方式，实施妨碍、破坏其他经营者合法提供的网络产品或者服务正常运行的行为。主要行为模式有：未经其他经营者同意，在其合法提供的网络产品或者服务中，插入链接、强制进行目标跳转；误导、欺骗、强迫用户修改、关闭、卸载其他经营者合法提供的网络产品或者服务；恶意对其他经营者合法提供的网络产品或者服务实施不兼容；其他妨碍、破坏其他经营者合法提供的网络产品或者服务正常运行的行为。

违反《反不正当竞争法》者，可能承担民事责任、行政责任甚至刑事责任。

## 二、反垄断法

法律上的垄断概念，是指经营者以独占、合谋性协议或有组织的联合行动等方式，凭借经济优势或行政权力，操纵或支配市场，限制和排斥竞争的行为。

反垄断法的调整对象主要是具有竞争关系的经营者之间的法律关系。

- 经营者：从事商品生产、经营或者提供服务的自然人、法人和其他组织。

● 竞争关系：主要存在于相关市场中，相关市场即经营者在一定时期内就特定商品或者服务进行竞争的商品范围和地域范围。

《中华人民共和国反垄断法》（以下简称《反垄断法》）规定的垄断行为主要有以下几种：

### 1. 垄断协议

垄断协议是指两个或两个以上的竞争者通过协议、决定或者其他协同行为排除、限制竞争的行为。垄断协议又分为两种：横向垄断协议和纵向垄断协议。横向垄断协议是指两个或两个以上因经营同类产品或服务而在生产或销售过程中处于同一经营阶段的同业竞争者之间的垄断协议；纵向垄断协议是指两个或两个以上在同一产业中处于不同阶段而有买卖关系的企业之间的垄断协议。

垄断是行为和效果的统一，对于并非以限制竞争为目的或者为某种公共利益而达成的合意或者一致行动，不受反垄断法的限制。

### 2. 滥用市场支配地位

具有市场支配地位的经营者在相关市场内具有能够控制商品价格、数量或者其他交易条件，或者能够阻碍、影响其他经营者进入相关市场能力的市场地位。判断是否构成市场支配地位，主要从经营者的市场份额、市场竞争状况、经营者对市场的控制能力、经营者自身的财力和技术条件、其他经营者对该经营者在交易上的依赖程度、其他经营者进入相关市场的难易程度等方面考虑，其中，经营者在相关市场的份额比重是最为重要的指标。

所谓滥用市场支配地位的行为主要有垄断价格、掠夺性定价、拒绝交易、强制交易、搭售或附加不合理交易条件、差别待遇等。

### 3. 经营者集中

经营者集中是指两个或两个以上的经营者以一定的方式或手段形成的企业间资产、营业和人员的整合。包括经营者合并，以及经营者以股权、资产或合同的形式获得对其他经营者的控制等形式。

### 4. 滥用行政权力排除、限制竞争

滥用行政权力排除、限制竞争是指拥有行政权力的行政机关以及其他依法具有管理公共事务职能的组织滥用行政权力，排除、限制竞争的行为。包括：强制交易，地区封锁，强制经营者实施危害竞争的垄断行为，制定含有排除、限制竞争内容的规定。

国务院设立反垄断委员会，负责组织、协调、指导反垄断工作。目前，我国国务院反垄断执法机构由商务部、国家发展改革委、国家市场监督管理总局三个部门构成。

经营者实施垄断行为的，将承担行政责任，甚至刑事责任。

## 📁 练习题

### 1. 名词解释

（1）商业秘密

（2）不正当竞争

（3）商业贿赂

（4）垄断协议

(5) 经营者集中

**2. 单项选择题**

(1) 根据《反不正当竞争法》,下列哪种诋毁商誉行为的表述是正确的?( )。

    A. 新闻单位被经营者唆使对其他经营者从事诋毁商誉行为的,可与经营者构成共同的不正当竞争行为

    B. 经营者通过新闻发布会的形式发布影响其他同业经营者商誉的信息,只要该信息是真实的,就不构成诋毁行为

    C. 诋毁行为只能是针对市场上某一特定竞争对手实施的

    D. 经营者对其他竞争者进行诋毁,其主观心态既可以是故意,又可以是过失

(2) 经营者利用广告或其他方法对商品做引人误解的虚假宣传或误导性宣传,监督检查部门应责令停止违法行为,消除影响,可根据情节处 ( )。

    A. 责令停业整顿

    B. 1 万元以上 20 万元以下的罚款

    C. 20 万元以上 100 万元以下的罚款

    D. 3 年以下有期徒刑

(3) 经营者违反法律规定实施混淆行为的,由监督检查部门责令停止违法行为,没收违法商品。情节严重的,( )。

    A. 吊销营业执照

    B. 处违法经营额 5 倍以下的罚款

    C. 处 10 万元以上 50 万元以下的罚款

    D. 处 25 万元以下的罚款

(4) 抽奖式有奖销售,最高奖的金额不得超过法律规定的 ( )。

    A. 3 万元             B. 5 万元

    C. 8 万元             D. 10 万元

(5) 经营者销售商品时,( )。

    A. 可以搭售商品           B. 可以搭售一部分商品

    C. 不得违背购买者的意愿搭售商品    D. 不可搭售商品

(6) 下列行为属于不正当竞争行为的是 ( )。

    A. 接受回扣           B. 接受佣金

    C. 销售打折           D. 商业贿赂

(7) 我国对不正当竞争行为进行监督检查的部门是 ( )。

    A. 税务部门           B. 技术监督部门

    C. 市场监督管理部门         D. 县级以上市场监督管理部门

(8) 下列行为属于不正当竞争行为的是 ( )。

    A. 以低于成本的价格销售        B. 销售鲜活商品

    C. 因歇业降价推销商品        D. 季节性降价

(9) 某葡萄酒厂在其产品标签上印有"获得 2024 年法国国际葡萄酒博览会金奖"字样和一个带外文的徽章,但此奖项和徽章实际上均不存在。对这一行为应当如何认定?( )。

A. 根据《反不正当竞争法》，该行为不属于不正当竞争行为

B. 根据《反不正当竞争法》，该行为构成虚假宣传行为

C. 根据《反不正当竞争法》，该行为构成虚假表示行为

D. 该行为违反商业道德，但不违反法律

(10) 根据我国法律规定，经营者的下列有奖销售行为合法的是（　　）。

    A. 通过有奖销售的方式销售质量不合格的产品

    B. 最高金额为 5 999 元的有奖销售行为

    C. 故意让内定人员中奖的有奖销售行为

    D. 谎称有奖的有奖销售行为

(11) 经营者销售或者购买商品，可以给中间人（　　），但需如实入账。

    A. 佣金　　　　　　　　　　B. 折扣

    C. 回扣　　　　　　　　　　D. 介绍费

(12) 国务院反垄断执法机构在调查垄断行为中的下列行为不合法的有（　　）。

    A. 询问甲公司的工作人员，要求其说明有关情况

    B. 为防止乙公司隐匿证据，工作人员进入乙公司的经营场所进行调查

    C. 复制丙公司的会计账簿

    D. 查询丁公司的银行账户

(13) 某市有多个家电企业，其中甲公司、乙公司和丙公司的产品在该地的市场占有率达80%，三个公司的控股股东均为丁公司。为占有更大市场份额，三个公司决定合并。下列说法正确的是（　　）。

    A. 三个公司不得合并

    B. 三个公司合并前应向国务院反垄断执法机构申报

    C. 三个公司的合并可以不向国务院反垄断执法机构申报

    D. 国务院反垄断执法机构应作出禁止三个公司合并的决定

(14) 关于市场支配地位的推定制度，下列选项不符合《反垄断法》规定的是（　　）。

    A. 经营者在相关市场的市场份额达到二分之一的，推定具有市场支配地位

    B. 两个经营者在相关市场的市场份额合计达到三分之二，其中一个经营者市场份额不足十分之一的，不应当推定该经营者具有市场支配地位

    C. 三个经营者在相关市场的市场份额合计达到四分之三，其中有两个经营者市场份额合计不足五分之一的，不应当推定该两个经营者具有市场支配地位

    D. 被推定具有市场支配地位的经营者，有证据证明不具有市场支配地位的，不应当认定其具有市场支配地位

**3. 多项选择题**

(1) 商业秘密是指不为公众所知悉，能为权利人带来经济利益、具有（　　）并经权利人采取保密措施的技术信息和经营信息。

    A. 秘密性　　　　　　　　　B. 经济性

    C. 保密性　　　　　　　　　D. 排他性

(2) 下列属于《反不正当竞争法》中规定的经营者的是（　　）。

    A. 某经营建材生意的公司　　　　　B. 某个体理发店老板

    C. 某经营家电生意的合伙企业　　　D. 某大学生社团

(3) 下列行为属于利用网络进行不正当竞争的是（　　）。

    A. 未经其他经营者同意，在其合法提供的网络产品或者服务中插入链接、强制进行目标跳转

    B. 误导、欺骗、强迫用户修改、关闭、卸载其他经营者合法提供的网络产品或者服务

    C. 恶意对其他经营者合法提供的网络产品或者服务实施不兼容

    D. 其他妨碍、破坏其他经营者合法提供的网络产品或者服务正常运行的行为

(4)《反不正当竞争法》的基本原则是（　　）。

    A. 自愿　　　　　　　　　　　　　B. 公平

    C. 诚实信用　　　　　　　　　　　D. 平等

(5)《反不正当竞争法》规定的商业秘密包括（　　）。

    A. 技术秘密　　　　　　　　　　　B. 化学配方

    C. 设计图纸　　　　　　　　　　　D. 货源情报

(6) 甲旅行社的欧洲部经理李某在劳动合同未到期时提出辞职，未办理移交手续即到了乙旅行社工作，并将甲旅行社的合作伙伴情况、旅游线路设计、客户资料等信息带到乙旅行社，使乙旅行社的业务量大增，成为甲旅行社的有力竞争对手。现甲旅行社向人民法院起诉乙旅行社和李某侵犯商业秘密。

①人民法院如认定乙旅行社和李某侵犯甲旅行社的商业秘密，须审查（　　）。

    A. 甲旅行社所称的商业秘密是否属于从公开渠道不能获得的

    B. 乙旅行社的客户资料是否有合法来源

    C. 甲旅行社所称的商业秘密是否向有关部门申报过密级

    D. 乙旅行社在聘用李某时是否明知或应知其掌握甲旅行社的上述业务信息

②如果人民法院判定乙旅行社和李某侵权行为成立，确定其赔偿责任可以采用下列何种方法？（　　）。

    A. 按照甲旅行社在侵权期间的利润损失进行赔偿，乙旅行社和李某承担连带赔偿责任

    B. 甲旅行社在侵权期间的利润损失无法计算时，按照乙旅行社所获利润进行赔偿，李某承担连带赔偿责任

    C. 对李某按照其在甲旅行社时的工资标准乘以侵权持续时间确定赔偿额，对乙旅行社按照其实际所得利润确定赔偿额

    D. 按照甲旅行社请求的数额确定赔偿额

(7) 下列哪些情形属于《反垄断法》的除外适用范围？（　　）。

    A. 行使知识产权的行为

    B. 使用商业秘密的行为

    C. 国有企业的行为

    D. 农业生产者及农村经济组织在农产品经营活动中的联合或者协同行为

(8) 下列行为构成垄断协议行为的有（　　）。

　　A. 某饮料企业促销一种新生产的饮料，与所有进货商约定每瓶销售价格不得超过 5 元

　　B. 生产同类产品的甲公司与乙公司协议，甲公司的产品只销往华北、华东、东北地区，乙公司的产品只销往华中、西北、西南地区

　　C. 某市所有三星级以上酒店达成酒店附设的餐厅不提供某品牌啤酒的合意

　　D. 某地丙煤炭企业与丁煤炭企业为防止开采过度，协议降低产量

(9) 滥用行政权力排除、限制竞争的行为，是《反垄断法》规制的垄断行为之一。关于这种行为，下列哪些选项是正确的？（　　）。

　　A. 实施这种行为的主体，不限于行政机关

　　B. 实施这种行为的主体，不包括中央政府部门

　　C.《反垄断法》对这种行为的规制，限定在商品流通和招投标领域

　　D.《反垄断法》对这种行为的规制，主要采用行政责任的方式

(10) 关于市场支配地位，下列哪些说法是正确的？（　　）。

　　A.《反垄断法》禁止的是滥用市场支配地位者，而非具有市场支配地位者

　　B. 经营者在相关市场的份额是认定市场支配地位的唯一因素

　　C. 其他经营者进入市场的难易程度不影响对市场支配地位的认定

　　D. 一个经营者在相关市场中的份额达到 1/2 的，推定为有市场支配地位

(11) 关于经营者集中，下列哪些说法是正确的？（　　）。

　　A. 经营者集中就是指企业之间的合并

　　B. 经营者集中实行事先申报制度，也允许在实施集中后补充申报

　　C. 负责经营者集中的反垄断审查的反垄断执法机构为国家市场监督管理总局

　　D. 经营者通过取得股权或者资产的方式取得对其他经营者的控制权，也属于经营者集中的一种形式

**4. 案例题**

甲、乙两厂均为某市生产饮料的企业，在饮料上使用的商标分别注册为 A 和 B，其中，甲厂是老牌企业，乙厂是后起之秀。乙厂的饮料由于质优价廉，销路很好，从而导致甲厂的经济效益下降。甲厂为了在竞争中取胜，在该市电视台加大广告宣传力度称，目前本市有一些厂家生产的同类产品，与本厂生产的保健饮料在质量上有根本的差别，系本厂产品的仿制品，唯有本厂生产的 A 牌饮料不含化学成分，才是正宗饮料，提醒广大消费者谨防上当受骗。甲厂的广告播出后，很多经营乙厂保健饮料的客户纷纷找乙厂退货，称其为仿制产品。这导致乙厂生产严重滑坡，造成近 10 万元的经济损失。于是，乙厂向市场监督管理机关反映，要求处理。

问题：

(1) 甲厂行为的性质是什么？

(2) 乙厂是否有权要求甲厂赔偿损失？损失额应当如何计算？

第十四章

# 劳动法

## 教学大纲

通过本章的学习，了解劳动法的概念及适用范围、劳动法的基本原则；熟悉并基本掌握劳动者的主要权利；了解劳动合同的主要内容、变更、终止和解除；对于社会保险制度，了解其特点，并掌握五种具体制度的基本内容；明确劳动争议的处理方式和相应的处理机构。

## 重要概念

（1）劳动合同　　　　　　　　　（2）社会保险
（3）养老保险　　　　　　　　　（4）医疗保险
（5）工伤保险　　　　　　　　　（6）失业保险
（7）生育保险　　　　　　　　　（8）劳动争议

## 重点回顾

### 一、概述

劳动法是调整劳动关系以及与劳动关系密切相关的其他社会关系的法律规范的总称。

《中华人民共和国劳动法》（以下简称《劳动法》）既适用于在中华人民共和国境内的企业、个体经济组织和与之形成劳动关系的劳动者，又适用于国家机关、事业组织、社会团体和与之建立劳动合同关系的劳动者，但不适用于公务员和比照实行公务员制度的事业组织和社会团体的工作人员，以及农村劳动者（乡镇企业职工和进城务工、经商的农民除外）、现役军人、家庭保姆和在中华人民共和国境内享有外交特权及豁免权的外国人。

《劳动法》规定的就业原则有：促进就业原则；平等就业原则；双向选择原则；照顾特殊群体原则；禁用童工原则。

## 二、劳动者的主要权利

### 1. 工作时间与休息休假制度

根据《劳动法》的规定，劳动者每日工作时间不超过 8 小时、平均每周工作时间不超过 44 小时。

用人单位由于生产经营需要，经与工会和劳动者协商后可以延长工作时间，一般每日不得超过 1 小时；因特殊原因需要延长工作时间的，在保障劳动者身体健康的条件下延长工作时间每日不得超过 3 小时，但是每月不得超过 36 小时。

劳动者依法享有的休息休假时间有公休假日、法定节假日、年休假、探亲假、女职工保护休假。

用人单位安排劳动者延长工作时间，或者在休息日、法定休假日工作的，应当按照法律规定支付更高的报酬或者另行安排补休。

### 2. 工资制度

工资是指用人单位以货币形式直接支付给劳动者的劳动报酬。《劳动法》还规定了最低工资保障制度。最低工资，是指劳动者在法定工作时间内提供了正常劳动的前提下，其所在单位应支付的最低劳动报酬，不包括各种津贴、社会保险和福利待遇。

### 3. 劳动安全卫生制度

劳动安全卫生制度是指国家为了保障劳动者在劳动过程中的安全和健康，改善劳动条件而制定的劳动安全卫生保障制度。具体包括劳动安全卫生教育制度、劳动安全措施管理制度、劳动防护用品的发放与管理制度、伤亡事故与职业病统计报告处理制度四个方面的内容。

### 4. 对特殊主体的劳动保护制度

我国法律对女职工和未成年工规定了特殊的保护。

对女职工的特殊保护包括：

（1）工种保护。禁止安排女职工从事矿山井下、国家规定的第四级体力劳动强度的劳动和其他禁忌从事的劳动。

（2）经期保护。不得安排女职工在经期从事高处、低温、冷水作业和国家规定的第三级体力劳动强度的劳动。

（3）孕期保护。不得安排女职工在怀孕期间从事国家规定的第三级体力劳动强度的劳动和孕期禁忌从事的劳动。对怀孕 7 个月以上的女职工，不得安排其延长工作时间和夜班劳动。

（4）产期保护。女职工生育享受不少于 98 天的产假。

（5）哺乳期保护。不得安排女职工在哺乳未满 1 周岁的婴儿期间从事国家规定的第三级体力劳动强度的劳动和哺乳期禁忌从事的其他劳动，不得安排其延长工作时间和夜班劳动。

对未成年工的特殊保护包括：

（1）工种保护。用人单位不得安排未成年工从事矿山井下、有毒有害、国家规定的第四级体力劳动强度的劳动和其他禁忌从事的劳动。

（2）健康检查。用人单位应当对未成年工定期进行健康检查。如果发现未成年工有疾病或身体发育异常，应当及时采取治疗措施。

### 三、劳动合同

**1. 概念和特征**

劳动合同是劳动者与用人单位之间确立劳动关系，明确双方权利和义务的协议。劳动合同具有主体特定性、客体单一性、内容的权利义务统一性的特点。

劳动合同法是调整劳动合同关系，明确劳动合同双方权利和义务的法律规范的总称。

我国境内的企业、个体经济组织、民办非企业单位等组织（用人单位）与劳动者之间适用《中华人民共和国劳动合同法》（以下简称《劳动合同法》）。国家机关、事业单位、社会团体与劳动者之间的劳动合同，依照《劳动合同法》。事业单位与实行聘用制的工作人员之间有法律、行政法规或者国务院规定的，从其规定，无规定的，依照《劳动合同法》。

**2. 劳动合同的订立**

用人单位自用工之日起即与劳动者建立劳动关系，并应当订立书面劳动合同，或自用工之日起一个月内订立书面劳动合同。

劳动合同分为固定期限劳动合同、无固定期限劳动合同和以完成一定工作任务为期限的劳动合同。

用人单位可以与劳动者协商一致，决定订立何种劳动合同。有下列情形之一，劳动者提出或者同意续订、订立劳动合同的，除非劳动者提出订立固定期限劳动合同，应当订立无固定期限劳动合同：（1）劳动者已在该用人单位连续工作满十年的；（2）用人单位初次实行劳动合同制度或者国有企业改制重新订立劳动合同时，劳动者在该用人单位连续工作满十年且距法定退休年龄不足十年的；（3）连续订立二次固定期限劳动合同且劳动者没有法定特殊情形，续订劳动合同的。

用人单位与劳动者签订劳动合同，可以约定试用期，但是试用期的期限和工资标准有特殊规定（见表 14-1）。在试用期间，除劳动者有不符合录用条件、有违规违纪违法行为、不能胜任工作等情形外，用人单位不得解除劳动合同。

表 14-1 劳动合同内容和试用期期限的关系

| 劳动合同内容 | 试用期期限 |
| --- | --- |
| 3 个月≤劳动合同期限<1 年 | ≤1 个月 |
| 1 年≤劳动合同期限<3 年 | ≤2 个月 |
| 劳动合同期限≥3 年，或无固定期限劳动合同 | ≤6 个月 |
| 以完成一定工作任务为期限，或劳动合同期限<3 个月 | 不得约定 |

劳动合同无效或部分无效的原因包括：以欺诈、胁迫的手段或者乘人之危，使对方在违背真实意思的情况下订立或者变更劳动合同的；用人单位免除自己的法定责任、排除劳动者权利的；违反法律、行政法规的强制性规定的。

**3. 劳动合同的变更、解除与终止**

用人单位与劳动者协商一致，可以变更合同约定的内容。变更劳动合同，应当采用书面形式。

● 劳动合同的解除原因（见表 14 - 2）

表 14 - 2　劳动合同的解除原因

| 双方协商解除劳动合同 | 用人单位与劳动者协商一致 |
|---|---|
| 劳动者单方解除劳动合同 | 劳动者提前 30 日（试用期内提前 3 日）书面通知用人单位 |
| | 用人单位违反法律法规或者劳动合同要求 |
| 用人单位单方解除劳动合同 | 过失性辞退 |
| | 无过失性辞退：用人单位提前 30 日书面通知劳动者或者额外支付一个月工资 |
| | 经济性裁员：提前 30 日向工会或者全体职工说明情况，听取意见；报告劳动行政部门；对于留用人员选择上有限制；重新招用人员时优先招用被裁减人员 |

为保障劳动者的合法权益，《劳动合同法》还规定了用人单位不得解除劳动合同的情形。

**4. 集体合同**

集体合同是企业的工会组织或职工代表与所在企业以劳动报酬、工作时间、休息休假、劳动安全卫生、保险福利等事项为主要内容而签订的书面协议。

集体合同订立程序：协商拟订草案→征求意见→签订合同→报送劳动行政部门审查、备案。

**5. 劳务派遣**

企业单位员工与单位之间除了存在劳动关系外，劳务派遣关系也较常见。劳务派遣关系中存在三方主体：被派遣劳动者、用人单位和用工单位。用人单位也称劳务派遣单位，与被派遣劳动者订立劳动合同。劳务派遣单位与用工单位订立劳务派遣协议，约定派遣岗位、人员数量、派遣期限、劳动报酬等事项。

值得注意的是，劳动合同用工是我国的企业基本用工形式。劳务派遣用工是补充形式，只能在临时性、辅助性或者替代性的工作岗位上实施。临时性工作岗位是指存续时间不超过 6 个月的岗位。

### 四、社会保险制度

**1. 概述**

社会保险制度是指国家通过立法设立社会保险基金，使劳动者在暂时或永久丧失劳动能力以及失业时获得物质帮助和补偿的社会保障制度。

● 社会保险与商业保险的比较（见表 14 - 3）

表 14 - 3　社会保险与商业保险的比较

| | 社会保险 | 商业保险 |
|---|---|---|
| 性质 | 政策性保险 | 买卖行为 |
| 对象 | 与用人单位建立劳动关系的薪金劳动者 | 一切自愿投保的全体社会成员 |
| 实施方式 | 国家强制性 | 任意性 |
| 缴费主体 | 劳动者、用人单位和政府三方 | 被保险人 |
| 保障水平 | 一般水平以下 | 较高 |
| 目的 | 不以营利为目的 | 以营利为目的 |
| 功能 | 保障劳动者的基本生活 | 商业行为 |

**2. 基本养老保险制度**

养老保险，是指劳动者在因年老或病残而丧失劳动能力的情况下，从国家和社会获得物质帮助，以满足其老年生活需要的一项社会保险制度。

（1）职工基本养老保险制度。

职工基本养老保险覆盖的范围包括：①企业职工；②无雇工的个体工商户、未在用人单位参加基本养老保险的非全日制从业人员及灵活就业人员。

基本养老保险基金由用人单位和个人缴费以及政府补贴等组成。

参加基本养老保险的个人，达到法定退休年龄时累计缴费满15年的，按月领取基本养老金。参加基本养老保险的个人，达到法定退休年龄时累计缴费不足15年的，可以缴费至满15年，按月领取基本养老金；也可以转入新型农村社会养老保险或者城镇居民社会养老保险，按照国务院的规定享受相应的养老保险待遇。

（2）新型农村社会养老保险。

新型农村社会养老保险的参保范围是年满16周岁（不含在校学生）、未参加城镇职工基本养老保险的农村居民。实行个人缴费、集体补助和政府补贴相结合。

新型农村社会养老保险试点的基本原则是"保基本、广覆盖、有弹性、可持续"。

（3）城镇居民社会养老保险制度。

城镇居民社会养老保险的参保范围是年满16周岁（不含在校学生）、不符合职工基本养老保险参保条件的城镇非从业居民。主要由个人缴费和政府补贴构成。

城镇居民社会养老保险试点的基本原则是"保基本、广覆盖、有弹性、可持续"。

**3. 基本医疗保险**

医疗保险，是保障劳动者及其供养亲属因工病伤后从国家和社会获得医疗帮助的一项社会保险制度。

（1）城镇职工基本医疗保险制度。

城镇职工基本医疗保险制度覆盖的范围包括：①企业职工；②无雇工的个体工商户、未在用人单位参加职工基本医疗保险的非全日制从业人员以及灵活就业人员。

城镇职工基本医疗保险由用人单位和职工按照国家规定共同缴纳基本医疗保险费，建立医疗保险基金。

符合基本医疗保险药品目录、诊疗项目、医疗服务设施标准以及急诊、抢救的医疗费用，按照国家规定从基本医疗保险基金中支付，由社会保险经办机构与医疗机构、药品经营单位直接结算。

（2）城镇居民基本医疗保险制度。

城镇居民基本医疗保险制度试点的参保范围是：不属于城镇职工基本医疗保险制度覆盖范围的中小学阶段的学生（包括职业高中、中专、技校学生）、少年儿童和其他非从业城镇居民。

上述人员都可自愿参加城镇居民基本医疗保险。

城镇居民基本医疗保险实行个人缴费和政府补贴相结合。

（3）新型农村合作医疗制度。

新型农村合作医疗制度实行个人缴费、集体扶持和政府资助相结合的筹资机制。

**4. 工伤保险**

（1）概述。

工伤保险，是指对在工作中或者特殊情况下遭受意外伤害或患职业病导致暂时或永久丧失劳动能力甚至死亡的劳动者或其遗属给予经济赔偿和物质帮助的一项社会保险制度。

工伤保险的适用范围包括中华人民共和国境内的企业、事业单位、社会团体、民办非企业单位、基金会、律师事务所、会计师事务所等组织和有雇工的个体工商户。

（2）费用的缴纳。

由用人单位缴纳工伤保险费，用人单位应当按照本单位职工工资总额，根据社会保险经办机构确定的费率缴纳工伤保险费。

（3）工伤保险待遇。

职工因工作原因受到事故伤害或者患职业病，且经工伤认定的，享受工伤保险待遇；其中，经劳动能力鉴定丧失劳动能力的，享受伤残待遇。

因工伤发生的费用，按照《中华人民共和国社会保险法》（以下简称《社会保险法》）第 38 条和第 39 条的规定，从工伤保险基金中支付，或者由用人单位支付。

职工所在用人单位未依法缴纳工伤保险费，发生工伤事故的，由用人单位支付工伤保险待遇。用人单位不支付的，从工伤保险基金中先行支付，该费用由用人单位偿还。用人单位不偿还的，社会保险经办机构可以向用人单位追偿。

由于第三人的原因造成工伤，第三人不支付工伤医疗费用或者无法确定第三人的，由工伤保险基金先行支付。工伤保险基金先行支付后，有权向第三人追偿。

**5. 失业保险**

失业保险是指劳动者在失业期间，由国家和社会给予一定的物质帮助，以保障其基本生活并促进其再就业的一项社会保险制度。

失业保险保障的是在劳动年龄，具有劳动能力，可以工作，并且正在采取各种方式寻找工作，但又暂时没有工作的劳动者。失业保险覆盖的范围包括城镇事业单位、国有企业、城镇集体企业、外商投资企业、城镇私营企业以及其他城镇企业职工。

由用人单位和职工按照国家规定共同缴纳失业保险费。

失业人员符合下列条件的，从失业保险基金中领取失业保险金：失业前用人单位和本人已经缴纳失业保险费满一年的；非因本人意愿中断就业的；已经进行失业登记，并有求职要求的。

**6. 生育保险**

生育保险，是指对生育女职工给予医疗、休息等方面物质帮助和补偿的一项社会保险制度。

生育保险费用由用人单位缴纳。

生育保险待遇包括生育医疗费用和生育津贴。用人单位已经缴纳生育保险费的，其职工享受生育保险待遇；职工未就业配偶按照国家规定享受生育医疗费用待遇。所需资金从生育保险基金中支付。

### 五、劳动争议的处理方法

**1. 劳动争议的概念及分类**

劳动争议亦称劳动纠纷，是指劳动者与用人单位之间因劳动问题而发生的纠纷。

● 劳动争议的分类（见表 14－4）

表 14－4　劳动争议的分类

| 分类标准 | 类型 |
|---|---|
| 劳动者人数 | 个人劳动争议和集体劳动争议 |
| 合同类型 | 劳动合同争议和集体合同争议 |
| 争议的内容 | 因履行劳动合同发生的争议、因履行集体合同发生的争议、因工作时间和休息休假发生的争议、因工资发生的争议等 |

**2. 劳动争议的处理方式与处理机构**（见表 14－5）

表 14－5　劳动争议的处理方式与处理主体

| 处理方式 | 处理主体 |
|---|---|
| 协商 | 双方当事人 |
| 调解 | 本单位的调解委员会 |
| 仲裁（必经程序） | 劳动争议仲裁委员会 |
| 诉讼 | 人民法院 |

## 练习题

**1. 名词解释**

（1）未成年工

（2）集体合同

（3）社会保险制度

（4）劳动争议

**2. 单项选择题**

（1）休息日安排劳动者工作又不能安排补休的，支付不低于工资（　　）的工资报酬。

　　A. 150％　　　　　B. 200％　　　　　C. 250％　　　　　D. 300％

（2）不得安排哺乳未满（　　）婴儿的女职工延长工作时间和夜班劳动。

　　A. 6 个月　　　　　B. 12 个月　　　　　C. 18 个月　　　　　D. 24 个月

（3）劳动合同可以约定试用期。试用期最长不得超过（　　）个月。

　　A. 3　　　　　　　B. 6　　　　　　　　C. 2　　　　　　　　D. 1

（4）劳动争议仲裁委员会不包括（　　）。

　　A. 劳动行政部门代表　　　　　　　　B. 同级工会代表

　　C. 职工代表　　　　　　　　　　　　D. 用人单位方面的代表

（5）劳动争议当事人对仲裁裁决不服的，可以自收到仲裁裁决书之日起（　　）内向人民法院提起诉讼。

    A. 5 日         B. 15 日         C. 30 日         D. 60 日

(6) 下列哪种劳动争议处理方式是必经程序?（    ）。

    A. 协商         B. 调解         C. 仲裁         D. 诉讼

(7) 集体劳动争议是指与用人单位发生劳动争议的劳动者一方为（    ）人以上，并有共同理由的劳动争议。

    A. 2         B. 3         C. 6         D. 10

(8) 劳动者解除劳动合同，应当提前（    ）以（    ）形式通知用人单位。

    A. 1 个月；书面                 B. 3 个月；口头

    C. 1 个月；口头                 D. 3 个月；书面

(9) 劳动者可以随时通知用人单位解除劳动合同的情形，不包括以下哪种?（    ）。

    A. 在试用期内的

    B. 未按照劳动合同的约定提供劳动保护或者劳动条件的

    C. 未及时足额支付劳动报酬的

    D. 用人单位以暴力、威胁或者非法限制人身自由的手段强迫劳动者劳动的

(10) 女职工生育享受不少于（    ）天的产假。

    A. 60         B. 98         C. 120         D. 150

(11) 劳务派遣用工时间最长为（    ）。

    A. 3 个月         B. 6 个月         C. 9 个月         D. 1 年

**3. 多项选择题**

(1) 下列哪些关系属于劳动法的调整范畴?（    ）。

    A. 家庭保姆与其雇主之间的关系

    B. 个体劳动者与其帮工之间的劳动关系

    C. 个体劳动者与其家庭成员之间基于婚姻家庭的共同劳动关系

    D. 加工承揽人与定做人之间的关系

    E. 外商投资企业与其雇员之间的关系

(2) 用人单位可以随时解除劳动合同的情形有（    ）。

    A. 劳动者在试用期内被证明不符合录用条件

    B. 劳动者经过培训仍不能胜任工作

    C. 劳动者严重违反劳动纪律或用人单位规章制度

    D. 劳动者严重失职，营私舞弊，对用人单位利益造成重大损害

    E. 劳动者被依法追究刑事责任

(3) 劳动争议调解委员会由下列哪些人员组成?（    ）。

    A. 职工代表                 B. 企业代表

    C. 企业党委代表            D. 企业工会代表

    E. 工会女职工委员会代表

(4) 下列哪些机构和个人有权确认劳动合同无效?（    ）。

    A. 司法公证机关            B. 当事人

    C. 劳动争议调解委员会       D. 劳动争议仲裁委员会

    E. 人民法院

（5）我国法律规定的社会保险的具体制度有（　　）。

A. 养老保险制度　　　　　　　　　B. 失业保险制度

C. 医疗保险制度　　　　　　　　　D. 伤残保险制度

（6）关于当事人订立无固定期限劳动合同，下列哪些选项符合法律规定？（　　）。

A. 赵某到某公司应聘，提议在双方协商一致的基础上订立无固定期限劳动合同

B. 王某在某公司连续工作满十年，要求与该公司签订无固定期限劳动合同

C. 李某在某国有企业连续工作满十年，距法定退休年龄还有十二年，在该企业改制重新订立劳动合同时，主张企业与自己订立无固定期限劳动合同

D. 杨某在与某公司连续订立的第二次固定期限劳动合同到期、公司提出续订时，要求与该公司签订无固定期限劳动合同

（7）关于社会保险制度，下列哪些说法是正确的？（　　）。

A. 国家建立社会保险制度

B. 国家设立社会保险基金，按照保险类型确定资金来源，实行社会统筹

C. 用人单位和职工都有缴纳社会保险费的义务

D. 劳动者死亡后，其社会保险待遇由遗属继承

（8）职工基本养老保险覆盖的范围包括哪些？（　　）。

A. 企业职工

B. 无雇工的个体工商户

C. 未在用人单位参加基本养老保险的非全日制从业人员及灵活就业人员

D. 中小学学生

（9）哪些保险需要用人单位缴纳一定费用？（　　）。

A. 职工基本养老保险　　　　　　　B. 城镇职工基本医疗保险

C. 工伤保险　　　　　　　　　　　D. 失业保险

E. 生育保险

**4. 问答题**

简述社会保险与商业保险的区别。

**5. 案例题**

职工马某原在一个国有企业工作并与企业签订了为期3年的劳动合同。一年后，马某以收入偏低为由，口头提出解除劳动合同，企业未予答复。过了10天，马某就被一个合资企业招用，又与该企业签订了劳动合同。马某走后，原企业的生产受到影响，要求马某回原企业上班。同时，原企业与马某所在的合资企业联系，希望马某回原企业工作，但合资企业以已签订劳动合同为由，不予放人。

问题：

（1）马某与原企业的劳动合同是否已经解除？

（2）合资企业在本案中是否应承担责任？

第十五章

# 税法与价格法

## 教学大纲

通过本章的学习，了解税法的基本概念和特征，熟悉我国现行的税种，重点掌握所得税的纳税主体、征税对象和税率，以及税收抵免制度；了解价格法的概念，掌握价格的基本形式，明确经营者的相关权利和义务。

## 重要概念

（1）税收　　　　　　　　　　　（2）纳税主体

（3）纳税客体/征税对象　　　　　（4）税种

（5）税目　　　　　　　　　　　（6）税率

（7）减税　　　　　　　　　　　（8）增值税

（9）所得税　　　　　　　　　　（10）价格

（11）政府指导价　　　　　　　　（12）政府定价

## 重点回顾

### 一、税法

#### 1. 税法概述

税收是国家为了实现其职能的需要，凭借政治权力，按照国家法律规定的标准，强制地、无偿地取得财政收入的一种分配关系。税收具有强制性、无偿性、固定性。

税法是调整国家与纳税人之间征收与缴纳税款的权利义务关系的法律规范的总称。税法主要规定以下几个方面的内容：

（1）纳税主体。又称纳税人或纳税义务人，是指税法规定的直接负有纳税义务的社会组织和个人。

（2）纳税客体。又称征税对象，具体确定对什么征税，是指纳税主体所指向的对象，也是征税的直接依据。

（3）税种、税目。税种即税收的种类，是指征收什么税；税目是指各种税中具体规定的应纳税项目。

（4）税率。是指纳税额与征税对象数额的比例。我国现行税法分别采用比例税率、累进税率和定额税率。

● 比例税率、累进税率、定额税率

比例税率，即对同一征税对象或同一税目，不论其数额大小，都实行统一比例的税率。通常适用于流转税的征收。

累进税率，即按照征税对象数额的大小规定不同等级的税率，征税对象数额越大，税率越高。

定额税率，也称固定税率，是按照征税对象的计量单位直接规定应纳税额的税率形式。采用定额税率征税的最大优点是计算简便，适用于从量计征的税种。

（5）减税和免税。减税就是减征部分税额；免税就是免征全部应税税额。减免税的内容涉及起征点和免征额。起征点就是征税对象达到征税数额开始征税的界限，没有达到起征点的，就其全部数额免征税。免征额就是在征税对象总额中免于征税的数额。

另外，税法还对纳税环节、纳税期限、法律责任等问题予以规定。

**2. 增值税**

增值税是以商品生产和流通中各环节的新增价值或商品附加值为征税对象的一种流转税（见表 15-1）。

表 15-1 增值税

| 纳税主体 | 一般纳税人：在中国境内销售货物或加工、修理修配劳务，销售服务、无形资产、不动产以及进口货物的单位和个人 |
|---|---|
| | 小规模纳税人：年应征税销售额小于规定标准且会计核算制度不健全的纳税人 |
| 征税对象 | 新增价值或商品附加值 |
| 税率 | 13%：绝大多数货物和应税劳务、有形动产租赁服务或者进口货物 |
| | 9%：销售交通运输、邮政、基础电信、建筑、不动产租赁服务，销售不动产，转让土地使用权，销售或者进口特定货物。其中，进口货物分为三大类：一是粮食、食用植物油、食用盐、自来水、暖气、冷气等人民生活必需品；二是图书、报纸、杂志、音像制品、电子出版物；三是饲料、化肥、农药等农业生产资料 |
| | 6%：销售服务、无形资产，另有规定的除外 |
| | 零税率：纳税人出口货物，以及境内单位和个人跨境销售国务院规定范围内的服务、无形资产 |
| | 3%：小规模纳税人 |

**3. 企业所得税**

企业所得税是指对境内企业和其他取得收入的组织的生产经营所得和其他所得征收的一种税（见表 15-2）。

表 15 - 2　企业所得税

| 纳税主体 | | 征税对象 | 税率 | 税收抵免 |
|---|---|---|---|---|
| 居民企业 | 依法在中国境内成立 | 源于中国境内、境外的所得 | 25% | 来源于中国境外的应税所得 |
| | 依照外国（地区）法律成立，但实际管理机构在中国境内 | | | |
| 非居民企业 | 依照外国（地区）法律成立，且实际管理机构不在中国境内，但在中国境内设立机构、场所的 | 其所设机构、场所取得的来源于中国境内的所得；发生在中国境外但与其机构、场所有实际联系的所得 | 25% | 发生在中国境外，但与该机构、场所有实际联系的所得 |
| | 依照外国（地区）法律成立，且实际管理机构不在中国境内，在中国境内未设立机构、场所，但有来源于中国境内的所得的 | 来源于中国境内的所得 | 20% | — |

### 4. 个人所得税

个人所得税是对个人应税所得征收的一种税。适用于在中国境内的中外国籍的个人。

● 征税范围（见表 15 - 3）

表 15 - 3　个人所得税征税范围

| 有无住所 | 是否在中国境内居住 | 居住年限 | 征税范围 |
|---|---|---|---|
| 有 | 不限 | 不限 | 从中国境内和境外取得的所得 |
| 无 | 是 | 累计满 183 天 | |
| 无 | 否 | — | 从中国境内取得的所得 |
| 无 | 是 | 累计不满 183 天 | |

● 征税对象、税率与应纳税所得额的计算（见表 15 - 4）

表 15 - 4　个人所得税的征税对象、税率与应纳税所得额的计算

| 征税对象 | 税率 | 应纳税所得额的计算 |
|---|---|---|
| 工资、薪金所得 | 3%～45% | 每一纳税年度的收入额减除费用 6 万元以及专项扣除、专项附加扣除和依法确定的其他扣除后的余额 |
| 劳务报酬所得 | | |
| 稿酬所得 | | |
| 特许权使用费所得 | | |
| 经营所得 | 5%～35% | 总收入减去成本、费用和损失等 |
| 利息、股息、红利所得 | 20% | 每次收入额 |
| 财产租赁所得 | | 每次收入≤4 000 元：收入减去费用（800元）；每次收入≥4 000 元：收入减去费用（收入的 20%） |
| 财产转让所得 | | 转让财产的收入额减除财产原值和合理费用 |
| 偶然所得 | | 以每次收入额为应纳税所得额 |

个人将其所得对教育、扶贫、济困等公益慈善事业进行捐赠，捐赠额未超过纳税人申报的应纳税所得额 30％的部分，可以从其应纳税所得额中扣除；国务院规定对公益慈善事业捐赠实行全额税前扣除的，从其规定。

《中华人民共和国个人所得税法》（以下简称《个人所得税法》）还规定了特殊的可以免征或减征个人所得税的情形。

免征个人所得税的情形包括：（1）省级人民政府、国务院部委和中国人民解放军军以上单位，以及外国组织、国际组织颁发的科学、教育、技术、文化、卫生、体育、环境保护等方面的奖金；（2）国债和国家发行的金融债券利息；（3）按照国家统一规定发给的补贴、津贴；（4）福利费、抚恤金、救济金；（5）保险赔款；（6）军人的转业费、复员费、退役金；（7）按照国家统一规定发给干部、职工的安家费、退职费、基本养老金或者退休费、离休费、离休生活补助费；（8）依照有关法律规定应予免税的各国驻华使馆、领事馆的外交代表、领事官员和其他人员的所得；（9）中国政府参加的国际公约、签订的协议中规定免税的所得；（10）国务院规定的其他免税所得，并由国务院报全国人民代表大会常务委员会备案。

减征个人所得税的情形包括：（1）残疾、孤老人员和烈属的所得；（2）因自然灾害遭受重大损失的。国务院可以规定其他减税情形，但需报全国人民代表大会常务委员会备案。

## 二、价格法

价格法是调整价格关系的法律规范的总称。价格法的调整对象是指与价格的制定、执行和监督有关的各种价格关系。《中华人民共和国价格法》（以下简称《价格法》）规定的价格仅指狭义的价格，即商品价格和服务价格。

### 1. 价格的基本形式

根据不同的定价主体和价格形成的途径，我们可将价格划分为市场调节价、政府指导价和政府定价三种基本价格形式。下面将着重介绍政府指导价和政府定价。

ⅰ. 政府指导价

政府指导价是指由政府价格主管部门或者其他有关部门，按照定价权限和范围规定基准价及其浮动幅度，指导经营者制定的价格。

政府指导价有三种形式：第一种是由政府规定基准价和浮动幅度，只允许价格在一定幅度内浮动；第二种是最高限价，这种形式只规定上浮幅度，是在市场不太稳定时用以保护消费者利益的价格形式；第三种是最低保护价，只规定下浮幅度，下浮不得超过一定界限，这是在供过于求时用以保护生产者利益的价格形式。

ⅱ. 政府定价

政府定价是指依照《价格法》的规定，由政府价格主管部门或其他有关部门按照定价权限和范围制定的价格。

适用政府指导价和政府定价的商品和服务的范围包括：（1）与国民经济发展和人民生活关系重大的极少数商品价格；（2）资源稀缺的少数商品价格；（3）自然垄断经营的商品价格；（4）重要的公用事业价格；（5）重要的公益性服务价格。

### 2. 价格管理体制

我国的价格管理机构是政府各级价格主管部门和其他有关部门。

消费者组织、职工价格监督组织、居民委员会、村民委员会等组织以及消费者有权对价格行为进行社会监督，新闻单位也有权进行价格舆论监督。

**3. 经营者的权利与义务**

ⅰ. 权利

经营者享有的权利包括：

（1）自主制定属于市场调节的价格；

（2）在政府指导价规定的幅度内制定价格；

（3）制定属于政府指导价、政府定价产品范围内的新产品的试销价格，特定产品除外；

（4）检举、控告侵犯其依法自主定价权利的行为。

ⅱ. 义务

经营者负有的义务包括：

（1）经营者应当努力改进生产经营管理，降低生产经营成本，获取合法利润。

（2）经营者应当建立、健全内部价格管理制度，准确记录与核定成本。

（3）经营者进行价格活动，应当遵守法律、法规，执行依法制定的政府指导价、政府定价和法定的价格干预措施、紧急措施。

（4）经营者销售、收购商品和提供服务，应当按照政府价格主管部门的规定明码标价，注明商品的品名、产地、规格、等级、计价单位、价格或者服务的项目、收费标准等有关情况。经营者不得在标价之外加价出售商品，不得收取任何未予标明的费用。

## 练习题

**1. 名词解释**

（1）税率

（2）超额累进税率

（3）增值税

（4）政府指导价

**2. 单项选择题**

（1）（      ）的征税对象是商品销售额或服务性行业的业务额。

    A. 增值税     B. 消费税     C. 流转税     D. 营业税

（2）税收是国家为了实现其职能的需要，凭借政治权力，按照国家法律规定的标准，强制地、（      ）取得财政收入的一种分配关系。

    A. 无偿地     B. 有偿地     C. 定期地     D. 依法地

（3）工业商品应在工业销售环节和商品批发、零售环节缴纳（      ）。

    A. 消费税                B. 所得税

    C. 营业税                D. 增值税

（4）我国适用于绝大多数货物和应税劳务的增值税税率为（      ）。

    A. 17％     B. 13％     C. 10％     D. 15％

（5）零税率主要适用于纳税人（      ）。

    A. 进口货物                B. 出口货物

    C. 销售货物                D. 农民购买农业生产资料

（6）工资、薪金所得，以每月收入额减除费用（　　　）元后的余额，为应纳税所得额。

  A. 2 000      B. 2 500      C. 3 000      D. 5 000

（7）在中国境内无住所而在境内居住累计满 183 天的年度连续不超过 6 年的个人，经向主管税务机关备案，有来源于中国境外且由境外单位或者个人支付的所得，对其（　　　）。

  A. 中国境外的所得缴纳个人所得税

  B. 中国境内的所得缴纳个人所得税

  C. 中国境内外的所得缴纳个人所得税

  D. 免于缴纳个人所得税

（8）政府指导价和政府定价的定价权限和具体适用范围以（　　　）为依据。

  A. 中央定价目录          B. 中央和地方定价目录

  C. 地方定价目录          D. 国家统一定价目录

（9）（　　　）依法对价格活动进行监督检查，并依照法律规定对价格违法行为实施行政处罚。

  A. 县级以上各级人民政府价格主管部门

  B. 县级以上各级人民政府市场监督管理部门

  C. 县级人民政府价格主管部门

  D. 省级人民政府市场监督管理部门

（10）经营者不执行政府指导价、政府定价以及法定干预措施、紧急措施的，责令改正，没收违法所得，可以并处违法所得（　　　）倍以下罚款。

  A. 1       B. 3       C. 2       D. 5

（11）《中华人民共和国企业所得税法》（以下简称《企业所得税法》）不适用于下列哪种企业？（　　　）。

  A. 内资企业          B. 外国企业

  C. 合伙企业          D. 外商投资企业

（12）关于企业所得税的说法，下列哪一选项是错误的？（　　　）。

  A. 在我国境内，企业和其他取得收入的组织为企业所得税的纳税人

  B. 个人独资企业和合伙企业不是企业所得税的纳税人

  C. 企业所得税的纳税人分为居民企业和非居民企业，二者适用的税率完全不同

  D. 企业所得税的税收优惠，居民企业和非居民企业都有权享有

（13）我国小规模纳税人应适用的增值税征收率为（　　　）。

  A. 6%       B. 10%       C. 3%       D. 15%

**3. 多项选择题**

（1）税法的构成要素有（　　　）。

  A. 纳税主体    B. 纳税客体    C. 纳税标的    D. 税率

（2）我国现行税法采用的税率有（　　　）。

  A. 固定税率    B. 比例税率    C. 累进税率    D. 定额税率

（3）下列关于所得税的说法正确的有（　　）。

A. 企业所得税的纳税义务人是在中国境内从事生产经营的企业和个人

B. 我国居民企业应当就其来源于中国境内、境外的所得缴纳企业所得税

C. 企业所得税的税率统一为 25%

D. 纳税人来源于中国境外的所得，已在境外缴纳所得税税款的，准予在汇总纳税时，从其应纳税额中扣除，但是该扣除额不得超过其境外所得依照我国税法规定计算的应纳税额

（4）价格法规定的经营者享有的权利有（　　）。

A. 自主制定属于市场调节的价格

B. 在政府指导价规定的幅度内制定价格

C. 制定属于政府指导价、政府定价产品范围的新产品的试销价格，特定产品除外

D. 检举、控告侵犯其依法自主定价权利的行为

（5）适用政府指导价和政府定价的商品和服务的范围包括（　　）。

A. 资源稀缺的少数商品价格　　　B. 垄断经营的商品价格

C. 重要的公用事业价格　　　　　D. 重要的公益性服务价格

（6）根据《个人所得税法》，某大学教授 2020 年 12 月的哪些收入应当缴纳个人所得税？（　　）。

A. 工资 5 000 元　　　　　　　B. 在外兼课的报酬 5 000 元

C. 出版教材一部，稿酬 1 万元　D. 出租自有房屋收取的租金 3 000 元

**4. 问答题**

《价格法》所规定的经营者的价格义务有哪些？

第十六章

# 环境法与自然资源法

## 教学大纲

我国的环境法体系内容繁杂，本章的学习要求掌握环境法的基本原则，了解环境法基本法律制度。自然资源法根据调整对象的范围可以分为土地管理法、森林法、草原法、水法、渔业法、野生动植物保护法、矿产资源法等。本章的学习要求掌握自然资源法的立法原则，了解各个具体部门法的基本制度。

## 重要概念

（1）环境法
（2）环境影响评价制度
（3）"三同时"制度
（4）自然资源法

## 重点回顾

### 一、环境法

#### 1．概述

环境法是指由国家制定或认可并由国家强制力保证实施的，以保护和改善环境为目的，调整人们在环境资源的开发和利用过程中所形成的社会关系的法律规范的总称。

我国的环境法体系是以宪法关于环境保护的规定为基础，以环境保护基本法、旨在保护自然环境及防治污染的一系列单行法律为主干，以及以数量庞大的各种行政法规和具有规范性的环境标准为支干所组成的完整体系。

#### 2．基本原则

环境法的基本原则包括：

（1）可持续发展原则；

（2）预防为主、防治结合、综合治理原则；

（3）国家干预、公民参与原则；

（4）开发者养护、污染者治理原则。

**3. 基本法律制度**

（1）环境监督管理制度。

国家监督管理环境的法律制度有：环境影响评价制度；环境监测制度；现场检查制度；环境保护规划制度；环境保护目标责任制和考核评价制度。

环境影响评价制度是指对规划和建设项目实施后可能造成的环境影响进行分析、预测和评估，编制环境影响报告表、环境影响报告书，提出预防或者减轻不良环境影响的对策和措施，进行跟踪监测的方法与法律制度。

环境监测制度是指涉及环境监测计划、组织、操作和管理等活动的一整套规则。

现场检查是指依法行使监督管理权的机关及其工作人员，按照法定程序进入相关区域内排污单位的现场，对污染物排放状况进行监督检查的环境行政监督行为。

环境保护规划是指由国家或地方人民政府及其行政管理部门按照法定程序编制的有关城市环境质量控制、污染物排放控制和污染治理、自然生态保护以及其他与环境保护有关的计划。

环境保护目标责任制和考核评价制度是指县级以上人民政府应当将环境保护目标完成情况纳入对本级人民政府负有环境保护监督管理职责的部门及其负责人和下级人民政府及其负责人的考核内容，作为对其考核评价的重要依据。考核结果应当向社会公开。

（2）特殊区域环境保护制度。

特殊区域环境是指对科学、文化、教育、历史、美学、旅游、经济和环境保护等方面有着特殊价值的区域环境，如自然保护区、风景名胜区、人文遗迹、国家公园、城市环境、乡村环境等。特殊区域环境保护制度具体包括：自然保护区制度、风景名胜区保护制度等。

自然保护区是指对有代表性的自然环境和生态系统、珍稀濒危野生动植物物种的天然集中分布区、有特殊意义的自然遗迹等保护对象所在的陆地、陆地水体或者海域，依法划定一定面积予以特殊保护和管理的区域。

自然保护区制度主要有：

①自然保护区规划和管理体制；

②自然保护区的分级管理制度；

③自然保护区的分区管理及保护制度。

风景名胜区是指依法划定并加以特殊保护的，具有观赏、文化或科学价值，自然景观、人文景物比较集中，环境优美，可供人们游览、休息或进行科学、文化活动的区域。

风景名胜区保护制度主要有：

①风景名胜区规划和管理体制；

②风景名胜区分级制度；

③风景名胜区保护和建设制度。

（3）环境污染防治制度。

环境污染防治制度包括"三同时"制度、排污许可管理制度、重点污染物排放总量控制制度、环境污染公共监测预警机制、征收污染费制度和征收污染税制度。

"三同时"制度是指一切可能对环境造成影响的基本建设项目、技术改造项目或资源开发项目等，其防治污染的设施必须与主体工程同时设计、同时施工、同时投产使用的制度。

排污许可管理制度是国家掌握排污状况，并据此对排污总量进行有效控制的重要途径和手段。排污许可管理制度是指排放污染物的企业、事业单位和其他生产经营者，必须事先向有关管理机关提出申请，经审查批准发给许可证后方可排污的制度。

## 二、自然资源法

自然资源法，又被称为自然资源保护法，是调整人们在自然资源开发、利用和保护过程中所产生的各种社会关系的法律规范的总称。

**1. 立法原则**

制定自然资源法，必须遵循以下原则：

（1）坚持重要资源国有原则；

（2）维持自然生态平衡原则；

（3）遵循客观规律原则；

（4）开源与节流相结合原则。

**2. 土地管理法**

土地管理法是指调整在土地的管理、保护、开发、利用过程中所发生的经济关系的法律规范的总称。包括土地管理体制、土地权属制度、土地规划及用途管制制度和土地资源保护制度等主要内容。

**3. 森林法**

森林法是调整在森林、林木的管理、保护、采伐，森林资源的利用和植树造林过程中发生的经济关系的法律规范的总称。包括林业建设方针与林业管理体制、森林权属制度、森林资源保护制度以及植树造林、改善生态环境制度等主要内容。

**4. 草原法**

草原法是调整在管理、保护、建设和利用草原过程中所发生的经济关系的法律规范的总称。包括草原建设方针与草原管理体制、草原权属制度、草原规划制度、草原建设制度、草原利用制度以及草原保护制度等主要内容。

**5. 水法**

水法是调整关于水的开发、利用、管理、保护、除害过程中所发生的经济关系的法律规范的总称。包括水资源的立法原则与管理体制、水资源权属制度、水资源统一规划制度、水资源开发利用制度、水资源保护制度以及节约用水、防止浪费等主要内容。

**6. 渔业法**

渔业法是调整在渔业管理和渔业资源的增殖、保护以及发展养殖业及捕捞业过程中所发生的经济关系的法律规范的总称。包括渔业生产方针与管理体制、养殖业管理与合理捕捞制度、渔业资源的增殖与保护制度等内容。

#### 7. 野生动植物保护法

野生动植物保护法是调整在保护、开发和利用野生动植物过程中所发生的经济关系的法律规范的总称。

野生动物保护法包括开发利用野生动物的方针与保护管理机构的规定、野生动物权属制度、野生动物管理制度、野生动物保护制度等内容。

野生植物保护法包括野生植物资源保护管理体制、野生植物的分类分级保护与名录制度、野生植物资源管理的规定、野生植物资源保护的规定等内容。

#### 8. 矿产资源法

矿产资源法是调整在管理、保护、勘查、开采矿产资源的过程中所发生的经济关系的法律规范的总称。包括矿产资源管理的方针与管理体制的规定、矿产资源权属制度、矿产资源勘查登记制度、矿产资源开采制度、开采矿产资源必须保护环境的规定等内容。

 **练习题**

#### 1. 名词解释

（1）"三同时"制度

（2）环境监测

（3）特殊区域环境保护

#### 2. 单项选择题

（1）下列关于矿产资源的说法正确的是（　　）。

　　A. 任何矿产资源一律属于国家所有

　　B. 关系国计民生的矿产资源归国家所有，一般矿产资源可以归集体所有

　　C. 除依法由集体所有的以外，矿产资源一律属于国家所有

　　D. 个人不能成为开采国有矿产资源的主体

（2）目前，我国实施现场检查制度主要是由（　　）设立的环境监理机关负责进行的。

　　A. 县级以上地方各级环境保护行政主管部门

　　B. 县及县级以上地方各级政府

　　C. 县及县级以上地方各级环境保护行政主管部门

　　D. 各级环境保护行政主管部门会同其他行政部门共同

（3）为保护土地的所有权，法律规定任何单位和个人均不得侵占、买卖或者以其他形式（　　）转让土地。

　　A. 依法　　　　　　B. 任意　　　　　　C. 非法　　　　　　D. 自由

（4）下列各项中不属于森林资源保护制度的有（　　）。

　　A. 建立护林组织，实行群众护林

　　B. 开源与节流相结合的制度

　　C. 合理采伐森林，防止森林和林地被破坏

　　D. 建立自然保护区

（5）因建设征用集体所有的草原的，应当依照《中华人民共和国土地管理法》的规定给予补偿；因建设征用国家所有的草原的，应当依照国务院有关规定对（　　）给予补偿。

A. 国家 　　　　　　　　　　 B. 集体

C. 草原承包经营者 　　　　　 D. 当地土地管理部门

（6）为了对水资源进行合理开发及充分利用，发挥其综合效益，兼顾各部门各地区的利益，并将开发利用同保护结合起来，开发利用水资源必须进行（　　　）。

A. 合理规划 　　 B. 分级规划 　　 C. 统一规划 　　 D. 分区规划

**3. 多项选择题**

（1）根据我国法律规定，下列哪些自然资源所有权是专属于国家的权利？（　　　）。

A. 林地所有权 　　　　　　　 B. 草原所有权

C. 矿产资源所有权 　　　　　 D. 水资源所有权

（2）下列哪些自然资源的权利可以转让？（　　　）。

A. 用材林的林地使用权 　　　 B. 狩猎权

C. 捕捞权 　　　　　　　　　 D. 采矿权

（3）《中华人民共和国环境保护法》（以下简称《环境保护法》）所指的环境包括（　　　）。

A. 大气 　　　　　　　　　　 B. 水

C. 人文遗迹 　　　　　　　　 D. 风景名胜

E. 城市和乡村

（4）我国环境保护基本法律制度有（　　　）。

A. 环境标准制度 　　　　　　 B. "三同时"制度

C. 排污收费制度 　　　　　　 D. 环境影响评价制度

E. 环境监测制度

（5）对违反《环境保护法》的法律责任，根据行为违法性质和情节的不同，分别给予违法单位以（　　　）等处罚。

A. 警告 　　　　　　　　　　 B. 罚款

C. 停业 　　　　　　　　　　 D. 关闭

E. 损害赔偿

**4. 问答题**

简述环境法的调整对象和基本原则。

第十七章

# 诉讼法与仲裁法

 **教学大纲**

本章涉及民事诉讼法、行政诉讼法和仲裁法三大主要内容，内容繁杂琐碎。对于民事诉讼法，掌握民事诉讼法的基本原则，初步了解管辖、审判组织、诉讼参与人、第一审程序、第二审程序、审判监督程序、督促程序、公示催告程序和执行程序的基本概念。对于行政诉讼法，掌握行政诉讼法的基本原则，初步了解管辖、受案范围、行政诉讼参与人、第一审程序、第二审程序和审判监督程序等基本内容。对于仲裁法，掌握仲裁的特点、基本原则和制度，了解仲裁委员会、仲裁协议等基本概念，了解仲裁的程序。

 **重点回顾**

（1）民事诉讼　　　　　　　　　（2）管辖
（3）地域管辖　　　　　　　　　（4）审判监督程序
（5）行政诉讼　　　　　　　　　（6）仲裁
（7）一裁终局制度　　　　　　　（8）仲裁协议

 **重点回顾**

### 一、民事诉讼法

#### 1. 概述

民事诉讼是为解决民事纠纷，保护当事人的合法权益，由人民法院、诉讼当事人及其他诉讼参与人参与，依据法律进行的全部活动，以及由此而产生的各种关系的总和。

民事诉讼法是指规范民事诉讼活动以及确定民事诉讼过程中诉讼法律关系的各类法律规范的总和。

民事诉讼法的基本原则包括：

（1）诉讼权利平等原则；

（2）自愿合法调解原则；

（3）当事人辩论原则；

（4）权利处分原则。

**2. 管辖**

民事案件的管辖，是指各级人民法院之间和同级人民法院之间受理第一审民事案件的分工和权限。

ⅰ. 级别管辖

级别管辖是指上下级人民法院受理第一审民事案件的分工和权限（见表 17-1）。

表 17-1　级别管辖

| 法院级别 | 受理的第一审民事案件 |
| --- | --- |
| 基层人民法院 | 一般第一审民事案件 |
| 中级人民法院 | 重大涉外案件；在本辖区有重大影响的案件；最高人民法院确定由中级人民法院管辖的案件 |
| 高级人民法院 | 本辖区有重大影响的第一审民事案件 |
| 最高人民法院 | 在全国有重大影响的案件；认为应当由本院审理的案件 |

ⅱ. 地域管辖

地域管辖是指同级人民法院之间受理第一审民事案件的分工和权限。地域管辖的一般原则是原告就被告，特殊情况下按照表 17-2 中的原则选择法院。

表 17-2　地域管辖的特殊情形

| 案由 | 管辖法院 |
| --- | --- |
| 合同纠纷 | 被告住所地或合同履行地 |
| 保险合同纠纷 | 被告住所地或保险标的物所在地 |
| 票据纠纷 | 票据支付地或被告住所地 |
| 公司设立、确立股东资格、分配利润、解散 | 公司住所地 |
| 运输合同纠纷 | 运输始发地、目的地或被告住所地 |
| 侵权之诉 | 侵权行为地或被告住所地 |
| 铁路、公路、水上、航空事故损害赔偿之诉 | 事故发生地、最先到达（降落）地、被告住所地 |
| 船舶碰撞等海事损害事故 | 碰撞发生地、碰撞船舶最先到达地、加害船舶被扣留地或者被告住所地 |
| 海难救助费用诉讼 | 救助地或者被救助船舶最先到达地 |
| 共同海损 | 船舶最先到达地、共同海损理算地或者航程终止地 |

ⅲ. 专属管辖

法律明确了某类案件只可由特定法院管辖，且不得协议变更。包括：

（1）因不动产纠纷提起的诉讼，由不动产所在地人民法院管辖；

（2）因港口作业过程中发生纠纷提起的诉讼，由港口所在地人民法院管辖；

（3）因继承遗产纠纷提起的诉讼，由被继承人死亡时住所地或者主要遗产所在地人民法院管辖。

ⅳ. 协议管辖

协议管辖是指当事人双方在纠纷发生前或者纠纷发生后，相互约定审理该纠纷的管辖法院。协议管辖不得违反级别管辖和专属管辖的规定。

ⅴ. 应诉管辖

应诉管辖是指在不违反级别管辖和专属管辖的情况下，即使存在受诉法院审理案件不符合《中华人民共和国民事诉讼法》（以下简称《民事诉讼法》）规定的情形，若被告在答辩期内没有提出管辖异议，同时向该法院应诉并答辩的，也视为受诉法院有管辖权。

**3. 审判组织和诉讼参与人**

在普通程序下，由审判员、陪审员共同组成合议庭或者由审判员组成合议庭审理案件；在简易程序下，由审判员一人单独审理。

● 诉讼参与人（见表 17-3）

表 17-3　诉讼参与人

| 参与人类型 | 具体组成 |
| --- | --- |
| 当事人 | 原告、被告、共同诉讼人、第三人、诉讼代表人 |
| 诉讼代理人 | 法定代理人、委托代理人 |

第三人，指对他人之间的诉讼标的具有独立请求权或虽无独立请求权但与案件的处理结果有法律上的利害关系，而参加到已开始的诉讼中的诉讼参与人。第三人又可以分为有独立请求权的第三人和无独立请求权的第三人。

诉讼代表人，指因当事人一方人数众多而由当事人推选代表，代表当事人从事诉讼行为的人。诉讼代表人的诉讼行为对其所代表的当事人发生效力，但代表人变更、放弃诉讼请求或者承认对方当事人的诉讼请求，进行和解，必须经被代表的当事人同意。

诉讼代理人，指根据法律规定或当事人的授权，以被代理人的名义，为保护被代理人合法的民事权益而实施诉讼行为的人。基于法律规定而享有代理权的是法定代理人；基于当事人的委托授权而享有代理权的是委托代理人。

**4. 第一审程序**

● 第一审普通程序（见图 17-1）

**5. 第二审程序**

第二审程序是指上一级人民法院基于当事人的上诉，对下一级人民法院一审未生效的裁判再次审理所适用的程序。

二审的结果有：维持原判决、依法改判、撤销原判并发回重审。

第二审人民法院的判决、裁定，是终审的判决、裁定。

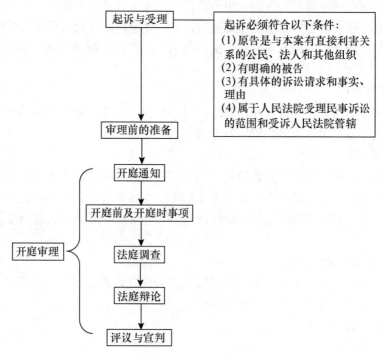

图 17-1　第一审普通程序

### 6. 审判监督程序

审判监督程序是指依法对人民法院作出的已生效判决、裁定和调解书实施监督检查的一种诉讼程序。审判监督包括人民法院的审判监督、人民检察院的法律监督和当事人的申诉（见表 17-4）。

表 17-4　审判监督主体

| 提请主体 | 原因 |
| --- | --- |
| 人民法院 | （1）各级人民法院院长对本院已经发生法律效力的判决、裁定，发现确有错误，认为需要再审的<br>（2）最高人民法院对地方各级人民法院已经发生法律效力的判决、裁定、调解书，上级人民法院对下级人民法院已经发生法律效力的判决、裁定、调解书，发现确有错误的 |
| 人民检察院（抗诉） | 最高人民检察院对各级人民法院，上级人民检察院对下级人民法院已经发生法律效力的判决、裁定，发现有下列情形之一的：<br>（1）原判决、裁定认定事实的主要证据不足的<br>（2）原判决、裁定适用法律确有错误的<br>（3）人民法院违反法定程序，可能影响对案件的正确判决、裁定的<br>（4）审判人员在审理该案件时有贪污受贿、徇私舞弊、枉法裁判行为的 |

续表

| 提请主体 | 原因 |
|---|---|
| 当事人（申诉） | 当事人对已经发生法律效力的判决、裁定，在生效后 2 年内，以下列原因提出：<br>（1）有新的证据，足以推翻原判决、裁定的<br>（2）原判决、裁定认定的基本事实缺乏证据证明的<br>（3）原判决、裁定认定事实的主要证据是伪造的<br>（4）原判决、裁定认定事实的主要证据未经质证的<br>（5）对审理案件需要的主要证据，当事人因客观原因不能自行收集，书面申请人民法院调查收集，人民法院未调查收集的<br>（6）原判决、裁定适用法律确有错误的<br>（7）审判组织的组成不合法或者依法应当回避的审判人员没有回避的<br>（8）无诉讼行为能力人未经法定代理人代为诉讼或者应当参加诉讼的当事人，因不能归责于本人或者其诉讼代理人的事由，未参加诉讼的<br>（9）违反法律规定，剥夺当事人辩论权利的<br>（10）未经传票传唤，缺席判决的<br>（11）原判决、裁定遗漏或者超出诉讼请求的<br>（12）据以作出原判决、裁定的法律文书被撤销或者变更的<br>（13）审判人员审理该案件时有贪污受贿、徇私舞弊、枉法裁判行为的 |

注：有新的证据，足以推翻原判决、裁定是当事人申诉的理由，但不是人民检察院提出抗诉的理由。

### 7. 督促程序

督促程序是指对于以给付金钱或有价证券为标的的请求，人民法院根据债权人的申请，向债务人发出附有条件的支付令。如果债务人在法定期间内未履行义务又不提出书面异议，债务人就可根据支付令向人民法院申请强制执行。

### 8. 公示催告程序

按照规定可以背书转让的票据持有人，因票据被盗、遗失或者灭失，可以向票据支付地的基层人民法院申请公示催告。

### 9. 执行程序

执行程序是民事诉讼的最后一个程序，对确保人民法院判决及裁决的执行、维护法律尊严有着重要意义。

## 二、行政诉讼法

### 1. 概述

行政诉讼指公民、法人或其他组织以行政机关和行政机关工作人员的行政行为侵犯其权益为由，向人民法院提起诉讼，请求人民法院对该行政行为的合法性进行审查并作出裁判的活动。

行政诉讼法是调整人民法院和诉讼参与人在行政诉讼过程中形成的各种诉讼关系的法律规范的总称。我国行政诉讼法有以下特有原则：

（1）仅对行政行为是否合法进行审查。

（2）由被告承担举证责任。

（3）起诉不停止执行。

（4）不适用调解。

**2. 受案范围**

除《中华人民共和国行政诉讼法》（以下简称《行政诉讼法》）规定的受案范围之外，人民法院受理公民、法人和其他组织对行政行为不服提起的诉讼，但以下事项不得受理：（1）国防、外交等国家行为；（2）行政法规、规章或者行政机关制定、发布的具有普遍约束力的决定、命令；（3）行政机关对行政机关工作人员的奖惩、任免等决定；（4）法律规定由行政机关最终裁决的行政行为。

**3. 管辖**

ⅰ. 级别管辖（见表 17-5）

表 17-5　级别管辖

| 法院级别 | 受理的第一审民事案件 |
| --- | --- |
| 基层人民法院 | 一般第一审行政案件 |
| 中级人民法院 | （1）对国务院部门或者县级以上地方人民政府所做的行政行为提起诉讼的案件<br>（2）海关处理的案件<br>（3）本辖区内重大、复杂的案件<br>（4）其他法律规定由中级人民法院管辖的案件 |
| 高级人民法院 | 本辖区内重大、复杂的第一审行政案件 |
| 最高人民法院 | 全国范围内重大、复杂的第一审行政案件 |

ⅱ. 地域管辖

地域管辖的一般原则是由作为被告的行政机关所在地的人民法院管辖。

● 特殊地域管辖（见表 17-6）

表 17-6　特殊地域管辖

| 案由 | 管辖法院 |
| --- | --- |
| 复议机关改变原行政行为的 | 复议机关所在地 |
| 对限制人身自由的行政强制措施不服提起的诉讼 | 被告所在地或者原告所在地 |
| 因不动产提起的行政诉讼 | 不动产所在地 |

ⅲ. 裁定管辖

裁定管辖是指在某些特殊情况下，人民法院按照《行政诉讼法》的规定自由裁定的管辖，有移送管辖、转移管辖、指定管辖三种。

移送管辖：人民法院发现受理的案件不属于自己管辖时，应当移送有管辖权的人民法院。

转移管辖：又称管辖权转移，是指基于上级人民法院的裁定，下级人民法院将自己管辖的行政案件转交上级人民法院审理，或上级人民法院将自己有管辖权的行政案件交由下级人民法院审理。

指定管辖：有管辖权的人民法院由于特殊原因不能行使管辖权的，由上级人民法院指定管辖。

**4. 行政诉讼参与人**

行政诉讼的参与人包括原告、被告、第三人和诉讼代理人。

**5. 第一审程序**

提起诉讼应当符合以下条件：

（1）原告是认为行政行为侵犯其合法权益的公民、法人或者其他组织；

（2）有明确的被告；

（3）有具体的诉讼请求和事实根据；

（4）属于人民法院受案范围和受诉人民法院管辖。

行政案件应公开审理，但涉及国家秘密、个人隐私和法律另有规定的除外。

● 法律依据（见表 17-7）

表 17-7　法律依据

| 效力 | 文件类型 |
|------|----------|
| 依据 | 法律、行政法规和地方性法规 |
| 参照 | 规章 |

● 判决（见表 17-8）

表 17-8　第一审判决

| 判决形式 | 适用的具体情形 |
|----------|----------------|
| 判决维持 | 行政行为证据确凿，适用法律、法规正确，符合法定程序的 |
| 判决（部分）撤销并重做 | 行政行为有下列情形之一的：<br>（1）主要证据不足的<br>（2）适用法律、法规错误的<br>（3）违反法定程序的<br>（4）超越职权的<br>（5）滥用职权的 |
| 判决履行 | 被告不履行或者拖延履行法定职责的 |
| 判决变更 | 行政处罚显失公正的 |

**6. 第二审程序**

当事人（包括第三人）不服人民法院第一审判决或裁定的，有权向上一级人民法院提起上诉。判决的上诉期为 15 天，裁定的上诉期为 10 天。

上诉案件既可以开庭审理，又可以书面审理。

● 判决（见表 17-9）

表 17-9　第二审判决

| 判决形式 | 适用的具体情形 |
|----------|----------------|
| 判决驳回上诉，维持原判 | 原判决认定事实清楚，适用法律、法规正确的 |
| 依法改判 | 原判决认定事实清楚，但是适用法律、法规错误的 |
| 裁定撤销原判，发回原审人民法院重审，或者查清事实后改判 | 原判决认定事实不清，证据不足，或者由于违反法定程序可能影响案件的正确判决的 |

**7. 审判监督程序**

行政诉讼的审判监督程序也包括人民法院的审判监督、人民检察院的法律监督和当事人的申诉（见表 17-10）。

**表 17 - 10 审判监督主体**

| 提请主体 | 原因 |
|---|---|
| 人民法院 | （1）人民法院院长对本院已经发生法律效力的判决、裁定，发现违反法律、法规规定认为需要再审的，应当提交审判委员会决定是否再审<br>（2）上级人民法院对下级人民法院已经发生法律效力的判决、裁定，发现违反法律、法规规定的，有权提审或者指令下级人民法院再审 |
| 人民检察院 | 人民检察院对人民法院已经发生法律效力的判决、裁定，发现违反法律、法规规定的，有权按照审判监督程序提出抗诉 |
| 当事人 | 当事人对已经发生法律效力的判决、裁定，认为确有错误的，可以向上一级人民法院申请再审，但判决、裁定不停止执行 |

**8. 执行程序**

公民、法人或者其他组织拒绝履行判决、裁定、调解书的，行政机关或者第三人可以向第一审人民法院申请强制执行，或者由行政机关依法强制执行。

**9. 侵权赔偿责任**

行政主体违法行使行政职权造成公民、法人或其他组织人身自由权、生命权、健康权、财产权损害的，该行政主体承担赔偿责任。公民、法人或其他组织既可以向赔偿义务机关单独就损害赔偿提出请求，又可以在行政复议或者行政诉讼中一并提出赔偿请求。

● 赔偿义务机关的确定（见表 17 - 11）

**表 17 - 11 赔偿义务机关**

| 侵权行政行为类型 | 赔偿义务机关 |
|---|---|
| 一般的行政机关及其工作人员的行为 | 该行政机关 |
| 共同行政侵权行为 | 共同行使行政职权的行政机关 |
| 被授权组织的行政行为 | 被授权组织 |
| 受委托的组织或个人的行为 | 委托的行政机关 |
| 经复议的行政行为 | 造成侵权行为的行政机关 |

以上赔偿义务机关被撤销的，继续行使其职权的行政机关为赔偿义务机关；没有继续行使其职权的行政机关的，撤销该赔偿义务机关的行政机关为赔偿义务机关。

### 三、仲裁法

**1. 概述**

仲裁是指纠纷当事人根据争议发生前或争议产生后达成的协议，自愿将争议提交非司法机构的第三者居中评判并作出裁决，从而解决争议的法律制度。仲裁具有以下特点：

（1）仲裁组织具有中立性和民间性；

（2）以当事人自愿为前提；

（3）仲裁的范围在法律允许的前提下由当事人约定；

（4）一裁终局。

仲裁包括以下基本原则和制度：

（1）自愿原则；

（2）独立仲裁原则；

（3）不公开审理原则；

（4）协议仲裁制度；

（5）一裁终局制度。

**2. 仲裁委员会**

直辖市和省、自治区人民政府所在地的市或其他一些设区的市可以设立仲裁委员会。仲裁委员会应当从公道正派的人员中聘任仲裁员，并按照不同专业设仲裁员名册。

**3. 仲裁协议**

仲裁协议是双方当事人于纠纷发生前或纠纷发生后，以书面形式作出的提交仲裁解决纠纷的真实意思表示。

有效的仲裁协议要求：必须采用书面形式；约定的仲裁事项不超过法律规定的范围；当事人具备完全行为能力；当事人的意思表示无瑕疵；仲裁协议中明确请求仲裁的意思表示、仲裁事项、选定的仲裁委员会等内容。

仲裁协议具有独立性，合同的变更、解除、终止或者无效，不影响仲裁协议的效力。

**4. 仲裁程序**

具体仲裁程序见图 17-2。

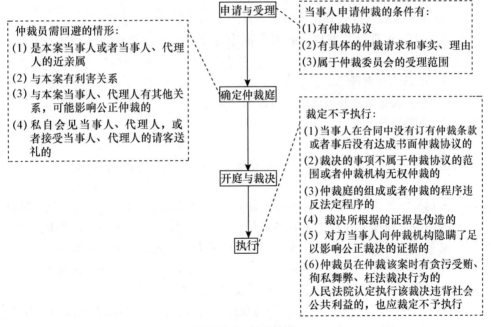

图 17-2　仲裁程序

## 练习题

**1. 名词解释**

（1）民事管辖恒定

（2）民事诉讼原告

（3）转移管辖

（4）仲裁协议

**2. 单项选择题**

（1）权利处分原则是指当事人有权在法律规定的范围内处分自己的（　　）。

    A. 民事实体权利　　　　　　　　B. 民事诉讼权利

    C. 民事实体权利和民事诉讼权利　D. 民事权利

（2）（　　）是指同级人民法院之间受理第一审民事案件的分工和权限。

    A. 级别管辖　　　　　　　　　　B. 地域管辖

    C. 特殊地域管辖　　　　　　　　D. 专属管辖

（3）（　　）是指当事人双方在纠纷发生前或者纠纷发生后，相互约定审理该纠纷的管辖法院。

    A. 协议管辖　　　　　　　　　　B. 地域管辖

    C. 级别管辖　　　　　　　　　　D. 约定管辖

（4）不符合民事诉讼起诉的条件有（　　）。

    A. 原告是与本案有直接或间接利害关系的公民、法人和其他组织

    B. 有明确的被告

    C. 有具体的诉讼请求和事实、理由

    D. 属于人民法院受理民事诉讼案件的范围和受诉人民法院管辖

（5）人民法院审理民事案件，除涉及国家秘密、个人隐私或者法律另有规定的以外，（　　）。

    A. 可以公开审理

    B. 当事人愿意公开审理的，可以公开审理

    C. 应当公开审理

    D. 应当不公开审理

（6）适用简易程序审理案件，应当在立案之日起（　　）个月内审结。

    A. 3　　　　　　　B. 5　　　　　　　C. 1　　　　　　　D. 6

（7）督促程序是指对于以给付金钱或有价证券为标的的请求，人民法院根据债权人的申请，向债务人发出附有条件的（　　）。如果债务人在法定期限内未履行义务又不提出书面异议，债权人就可根据支付令向人民法院申请强制执行。

    A. 传票　　　　　　B. 裁决　　　　　　C. 决定　　　　　　D. 支付令

（8）下列哪项不属于人民法院受理的行政诉讼案件范围？（　　）。

    A. 对限制人身自由或者对财产的查封、扣押、冻结等行政强制措施不服的

    B. 认为其他单位或个人侵犯法律规定的经营自主权的

    C. 申请行政机关履行保护人身权、财产权的法定职责，行政机关拒绝履行或者不予答复的

    D. 对拘留、罚款、吊销许可证和执照、责令停产停业、没收财物等行政处罚不服的

（9）不属于中级人民法院管辖的第一审行政案件有（　　）。

    A. 海关处理的案件

    B. 对国务院部门或者县级以上地方人民政府所做的行政行为提起诉讼的案件

C. 本辖区内重大、复杂的案件

D. 土地确权的案件

（10）起诉的时限是公民、法人或者其他组织应当知道作出行政行为之日起（　　）个月内。

A. 6　　　　　　　B. 2　　　　　　　C. 1　　　　　　　D. 5

（11）公民、法人或者其他组织单独就行政机关的行政行为引起的损害赔偿提出请求，应当先由（　　）解决，不服的，可以向人民法院提起诉讼。

A. 法院调解

B. 作出行政行为的行政机关

C. 作出行政行为的上级机关

D. 作出行政行为的同级人民政府

（12）仲裁协议具有（　　）性，其效力不受合同的变更、解除、终止或者无效的影响。

A. 独立　　　　　　　　　　　　B. 稳定

C. 排他　　　　　　　　　　　　D. 不变

（13）下列纠纷可适用小额诉讼程序的有（　　）。

A. 吴某为应急向邻居王某借款 2 000 元，约定当年年底归还。后吴某因工作调动去外地工作忘记还款。王某向法院起诉要求吴某偿还 2 000 元欠款

B. 张某夫妇发生离婚纠纷，财产涉及房屋两套、轿车一辆、存款若干，双方对女儿抚养权发生争议

C. 甲公司为扩大生产将自己的房屋抵押给银行，取得银行借款 5 000 万元，约定 5 年还清。5 年后，由于甲公司仍资金周转困难，无法及时还款，银行起诉要求以甲公司抵押的房屋拍卖还款

D. 周某因交通事故住院治疗，后怀疑医疗事故致残，遂将医院诉至人民法院

**3. 多项选择题**

（1）中级人民法院管辖的第一审民事案件有（　　）。

A. 重大涉外案件　　　　　　　　B. 在本辖区有重大影响的案件

C. 专利纠纷案件　　　　　　　　D. 海事、海商案件

（2）下列关于民事诉讼第三人的说法正确的有（　　）。

A. 可分为无独立请求权的第三人和有独立请求权的第三人

B. 指对他人之间的诉讼标的具有独立请求权或虽无独立请求权但与案件的处理结果有法律上的利害关系，而参加到已开始的诉讼中的诉讼参与人

C. 有独立请求权的第三人，对当事人双方的诉讼标的无权提起诉讼，只能由人民法院追加到已开始的诉讼中

D. 人民法院判决承担民事责任的无独立请求权的第三人，有当事人的诉讼权利义务

（3）下列关于民事执行的说法错误的有（　　）。

A. 发生法律效力的民事判决、裁定，以及刑事判决、裁定中的财产部分，由作出生效判决的人民法院执行

B. 法律规定由人民法院执行的其他法律文书，由第一审人民法院执行

C. 对生效判决和裁决，一方当事人拒绝履行的，对方当事人可在法定期限内向享有管辖权的人民法院申请强制执行

D. 人民法院可采取查询、冻结、划拨被执行人的存款等手段强制执行生效判决

(4) 行政诉讼法特有的原则为（　　　）。

A. 仅对行政行为是否合法进行审查

B. 由被告承担举证责任

C. 起诉不停止执行

D. 不适用调解

(5) 人民法院不受理的行政案件有（　　　）。

A. 国防、外交等国家行为

B. 行政机关发布的不具有普遍约束力的决定、命令

C. 行政机关对行政机关工作人员的奖惩、任免等决定

D. 法律规定由行政机关最终裁决的行政行为

(6) 行政诉讼期间，不停止行政行为的执行。但有下列情形之一的除外，（　　　）。

A. 原告认为需要停止执行的

B. 被告认为需要停止执行的

C. 原告申请停止执行，人民法院认为该行政行为的执行会造成难以弥补的损失，并且停止执行不损害社会公共利益，裁定停止执行的

D. 法律、法规规定停止执行的

(7) 申请人申请执行仲裁裁决，经人民法院组成合议庭审查核实后应裁定不予执行的情况有（　　　）。

A. 当事人在合同中没有订有仲裁条款或者事后没有达成书面仲裁协议的

B. 裁决的事项不属于仲裁协议的范围或者仲裁机构无权仲裁的

C. 认定事实的主要证据不足的

D. 仲裁庭的组成或者仲裁的程序违反法定程序的

(8) 甲市的天天公司与乙市的新一公司签订网站开发合同，约定由天天公司为新一公司开发网站，开发款为 5 万元，开发工期为 2 个月，合同订立后支付 50%，开发完成后支付 50%。新一公司支付 2.5 万元后，天天公司花费半年多的时间仍未开发完成。新一公司欲起诉天天公司，下列说法正确的是（　　　）。

A. 可以向被告住所地人民法院，即甲市人民法院起诉

B. 可以向乙市人民法院起诉，天天公司应诉并且未在答辩期内提出管辖异议的，乙市人民法院可依应诉管辖取得管辖权

C. 可以向丙市人民法院起诉，丙市人民法院可依应诉管辖取得管辖权

D. 只能向甲市人民法院起诉，理由为被告住所地人民法院才有管辖权

**4. 问答题**

(1) 民事诉讼的第二审人民法院对上诉案件如何处理？

(2) 请阐述我国法律所认定的行政诉讼原告和被告。

**5. 案例题**

海南省天南公司与海北公司于 2024 年 6 月签订了一份融资租赁合同，约定由天南公司进口一套化工生产设备，租给海北公司使用，海北公司按年交付租金。海南省 A 银行出具担保函，为海北公司提供担保。后来天南公司与海北公司因履行合同发生争议。

问题：

（1）假设天南公司与海北公司签订的合同中约定了以下仲裁条款："因本合同的履行所发生的一切争议，均提交珠海仲裁委员会仲裁。"天南公司因海北公司无力支付租金，向珠海仲裁委员会申请仲裁，将海北公司和 A 银行作为被申请人，请求裁决被申请人给付拖欠的租金。天南公司的行为是否正确？为什么？

（2）如果存在上问中所说的仲裁条款，天南公司能否向人民法院起诉海北公司和 A 银行，请求支付拖欠的租金？为什么？

（3）如果本案通过仲裁程序处理，天南公司申请仲裁委员会对海北公司的财产采取保全措施，仲裁委员会应当如何处理？

（4）如果本案通过仲裁程序处理后，在执行仲裁裁决的过程中，人民法院裁定对裁决不予执行，在此情况下，天南公司可以通过什么法律程序解决争议？

# 练习题答案

## 第一章　企业法

### 1. 名词解释

（1）准入前国民待遇原则

准入前国民待遇，是指在投资准入阶段给予外国投资者及其投资不低于本国投资者及其投资的待遇。准入前国民待遇并非仅限于"准入前"，实际上包含了准入阶段以及准入后的运营阶段在内的整个投资阶段的国民待遇。

（2）负面清单制度

负面清单，是指国家规定在特定领域对外商投资实施的准入特别管理措施。国家对负面清单之外的外商投资给予国民待遇。对负面清单之内的禁止投资领域，境外投资者不得实施投资，对负面清单之内的限制投资领域，境外投资者必须进行外资准入许可申请。外商投资特别管理措施包括不符合国民待遇原则的外商投资准入特别管理措施和针对外商投资的其他特别管理措施，后者包括不符合国民待遇原则的与国家安全、公共秩序、文化、金融审慎、政府采购、补贴、特殊手续、非营利组织和税收相关的特别管理措施。

（3）个人独资企业

个人独资企业是指依照《个人独资企业法》在中国境内设立，由一个自然人投资，财产为投资人个人所有，投资人以其个人财产或家庭财产对企业债务承担无限责任的经营实体。

（4）合伙企业

合伙企业是指自然人、法人和其他组织依照《合伙企业法》在中国境内设立的普通合伙企业和有限合伙企业。

（5）外商投资企业

外商投资企业是指依照我国法律规定，在我国境内经登记注册设立的，由外国投资者与中国投资者共同投资或者仅由外国投资者投资的企业。

**2. 单项选择题**

（1）A　　（2）B　　（3）B　　（4）C　　（5）B　　（6）C

（7）A　　（8）D　　（9）A　　（10）D　　（11）B　　（12）A

**3. 不定项选择题**

（1）ABCD

（2）A。自 2025 年 1 月 1 日起，外商投资企业不再适用《中外合资经营企业法》等"三资企业法"。《外商投资法》第 42 条明确给予了外商投资企业设立规则可以适用"三资企业法"的 5 年过渡期，即 2020 年 1 月 1 日至 2024 年 12 月 31 日。

（3）ABC　　（4）ABCD　　（5）ABCD

（6）BD。A 项，有限合伙人不得担任合伙事务执行人。C 项，有限合伙企业应至少有一个普通合伙人，普通合伙人不可全部转为有限合伙人。

（7）ACD。有限合伙人在合伙企业中资格的存续并不要求其有民事行为能力，因而丧失民事行为能力并不导致其丧失有限合伙人的资格，其他合伙人不得因此要求其退伙。

（8）①D。A 项错误，内部转让合伙份额，需通知其他合伙人。B 项错误，对外转让合伙份额须经其他合伙人一致同意。C 项，《合伙企业法》没有类似规定，须提前 30 日通知其他合伙人。

②B。根据《合伙企业法》第 31 条的规定，A 和 D 两项属于经全体合伙人一致同意的表决事项。C 项属于自我交易的行为，普通合伙人的自我交易行为，应经全体合伙人一致同意。

③CD。A 项变更合伙企业的经营范围和 B 项处分合伙企业的不动产，属于须经全体合伙人一致同意的表决事项，王某作为经营管理人，没有此权限。C 项和 D 项为合伙企业的一般事务，应当在王某的权限之内。

（9）ABD

**4. 问答题**

合伙企业的债务承担与合伙人的债务承担之间的关系如下：

（1）合伙企业的债务承担。合伙企业首先以合伙企业自身财产偿还企业债务，在合伙企业的财产不足以偿还合伙企业债务的情况下，因合伙人对合伙企业债务负有无限连带责任，合伙人应当以其在合伙财产份额以外的个人财产清偿合伙企业的债务。合伙企业的债权人有权向合伙人全体或者任意一名合伙人提出偿还全部债务的请求，合伙人不得以合伙协议约定的合伙人之间的债务承担份额抗辩，但是合伙人有权向其他合伙人追偿由于其承担连带责任所清偿的数额超过其应当承担的数额的部分。有限合伙人转变为普通合伙人的，对其作为有限合伙人期间有限合伙企业发生的债务承担无限连带责任。

在特殊的普通合伙企业中，一名合伙人或数名合伙人在执业活动中因故意或者重大过失造成合伙企业债务的，应当承担无限责任或者无限连带责任，其他合伙人以其在合伙企业中的财产份额为限承担责任；合伙人在执业活动中非因故意或者重大过失造成的合伙企业债务以及合伙企业的其他债务，由全体合伙人承担无限连带责任。

（2）合伙人的债务承担。合伙人应当以自己的财产承担自身债务。当合伙人所承担的合伙企业的债务和合伙人个人的债务发生冲突时，即在合伙企业债务和合伙人个人债务同时存在的情况下，合伙企业的财产优先用于清偿合伙企业的债务，若有剩余则可以用于清偿合伙人的个人债务；合伙人个人的财产优先用于清偿合伙人个人的债务，若有剩余则可用于清偿合伙企业的债务。

**5. 案例题**

（1）甲的主张不成立。根据《合伙企业法》的规定，退伙人对其退伙前已发生的债务与其他合伙人承担无限连带责任，故甲对其退伙前发生的银行贷款应负无限连带责任。

乙的主张不成立。根据法律规定，合伙人之间对债务承担份额的约定对债权人没有约束力，故乙提出应按约定比例清偿债务的主张不成立。

丙的主张不成立。根据法律规定，以劳务出资成为合伙人，也应承担合伙人的法律责任，合伙人的出资形式不影响合伙企业债务的承担，故丙也应对银行贷款承担无限连带责任。

丁的主张不成立。根据法律规定，入伙的新合伙人对入伙前的债务承担无限连带责任，故丁对其入伙前发生的银行贷款应负无限连带责任。

（2）根据《合伙企业法》的规定，合伙企业所欠银行贷款首先应用合伙企业的财产清偿，合伙企业的财产不足清偿时，由各合伙人承担无限连带清偿责任。乙、丙、丁在合伙企业解散时未清偿债务便分配财产的行为是违法和无效的，应全部退还已分得的财产；退还的财产应首先用于清偿银行贷款，不足清偿的部分，由甲、乙、丙、丁承担无限连带责任。

（3）根据《合伙企业法》的规定，合伙企业各合伙人在其内部是依合伙协议的约定承担责任的。据此，甲因已办理退伙结算手续，结清了对合伙企业的财产债务关系，故不再承担内部清偿份额；如果甲在银行的要求下承担了对外部债务的无限连带责任，则可向乙、丙、丁追偿。乙、丙、丁应按合伙协议的约定分担清偿责任；如果乙、丙、丁中的任何一人实际支付的清偿数额超过其应承担的份额，有权就其超过的部分向其他未支付或未足额支付应承担份额的合伙人追偿。

# 第二章　公司法

**1. 名词解释**

（1）有限责任公司

有限责任公司是指由一定人数的股东组成，股东以其认缴的出资额为限对公司承担责任，公司以其全部资产对公司债务承担责任的公司。

（2）股份有限公司

股份有限公司是指其全部资本分为等额股份，股东以其所持股份为限对公司承担责任，公司以其全部资产对公司债务承担责任的法人。

（3）一人有限责任公司

一人有限责任公司是指只有一个自然人股东或者一个法人股东的有限责任公司。

（4）上市公司

上市公司是指其股票在证券交易所上市交易的股份有限公司。

（5）募集设立

募集设立是指由发起人认购公司应发行股份的一部分，其余股份向社会公开募集或者向特定对象募集而设立公司。

（6）公司债券

公司债券是指公司通过发行证券同他人形成的债权与债务关系。

**2. 单项选择题**

（1）C       （2）D       （3）C       （4）C

（5）C       （6）D       （7）D

（8）C。根据《公司法司法解释（三）》第10条的规定，出资人以房屋等财产出资，已经办理权属变更手续但未交付给公司使用，应当交付给公司使用，在实际交付之前不享有相应的股东权利。因此，对于应当交付并办理权属登记的出资形式，股东自交付之日起享有股东权利，而非登记之日。

（9）A       （10）C       （11）D       （12）①B  ②A  ③A

**3. 多项选择题**

（1）ABCD     （2）ABD     （3）ABCD     （4）ABC

（5）BCD      （6）BCD      （7）ABCD     （8）ABCD

（9）ABD

（10）AD。B选项，由于股份有限公司涉及广大股东的利益，且股份有限公司具有较强的资合性，其承担责任的基础是其资本，其财产状况对公司的债权人意义重大，因而有更多的强制性规范，而限制了其意思自治的权利。C选项，发起设立的股份有限公司的注册资本可以分期缴纳，但以募集方式设立的股份有限公司的注册资本必须在公司成立时一次性足额缴清。

（11）AC。公司分立，应当由股东会作出决议。由于甲公司是集团公司A的全资子公司，属于一人公司，故应当由集团公司A作出决议。公司分立不需清算，其债权债务由分立后的公司继承。公司分立通知债权人是一项必要程序，不能免除。

（12）BD      （13）CD      （14）ABCD     （15）AD

**4. 案例题**

（1）①以非货币形式向公司出资，应办理如下手续：评估作价，核实财产；办理非货币出资的财产权的转移手续；验资。

②股东丙不足额缴纳所认缴的出资股份，应当向甲和乙承担违约责任。

③设立有限责任公司应向工商行政管理机关申请设立登记，应提交的文件或材料如下：公司登记申请书、公司章程和法律及行政法规规定需要经有关部门审批的公司的批准文件。

④要考察丙的出资是否符合要求，需要看甲、乙、丙三人共同订立的公司章程。若丙认缴12万元，并以现金出资，则丙未在公司章程规定的时间内出资应当承担对甲、乙的违约责任。

（2）①甲公司所持有的债权、债务都由丁公司承继，对于公司合并事宜，应当通知债务人，但不能因为公司合并而要求对方提前清偿债务。

②丁公司应当自作出合并决议之日起10日内通知债权人，并于30日内在报纸上公告。债权人自接到通知书之日起30日内，未接到通知书的自公告之日起45日内，可以要求丁公司清偿债务或者提供相应的担保。

③丙公司所持有的戊公司的股份相当于丙公司的财产，仍然由丁公司承继，但对于戊公司股东丙公司变更为丁公司，需要按《公司法》规定的股份转让规定进行操作。

(3) ①合法。募集设立股份有限公司，需要发起人人数满足2~200人的要求。

②不合法。《公司法》要求，发起人认股总额应不低于公司股份总额的35%，本案例中该公司股份总额为5 000万元，徐某等四人作为发起人应当认股1 750万元，其余股份数才能向社会募集。

③发起人应当自股款缴足之日起30日内主持召开公司创立大会。创立大会由发起人、认股人组成。发行的股份超过招股说明书规定的截止期限尚未募足的，或者发行股份的股款缴足后，发起人在30日内未召开成立大会的，认股人可以按照所缴股款并加算银行同期存款利息，要求发起人返还。发起人应当在成立大会召开15日前将会议日期通知各认股人或者予以公告。成立大会应当有持有表决权过半数的认股人出席，方可举行。在本案例中，成立大会召开的时间违反了《公司法》的规定。成立大会讨论的事项包括：审议发起人关于公司筹办情况的报告、通过公司章程、选举董事监事、对公司的设立费用进行审核、对发起人非货币财产出资的作价进行审核等。至于公司管理机构的设置，为董事会决议事项，非成立大会的职权范围。

④股份有限公司申请设立登记应由董事会负责。在本案例中由股东大会委派股东进行登记的做法是不符合法律规定的。

# 第三章　破产法

**1. 名词解释**

(1) 破产法

破产法是指调整破产债权人和债务人、人民法院、管理人以及其他破产参加人相互之间在破产过程中所发生的社会关系的法律规范的总称。破产法是破产制度的法律表现形式，是法院处理破产案件以及破产关系人行使权利的法律依据。

(2) 破产界限

破产界限，在国外破产法中一般被称为破产原因，是指适用破产程序所依据的特定法律条件或法律事实，也就是受理破产案件的实质条件。一般企业法人的破产界限：不能清偿到期债务，且资产不足以清偿全部债务或明显缺乏赔偿能力。

(3) 债权人会议

债权人会议是全体债权人参加破产程序并集体行使权利的决议机构。它是在破产财产处理过程中，集中体现全体债权人意志的一种临时性的组织形式，也是在人民法院的监督下讨论决定破产事宜的最高决策机构。

(4) 债务人财产

债务人财产即人民法院受理破产申请时属于债务人的全部财产，以及此后至破产程序终结前债务人取得的财产。

（5）别除权

别除权是指不依破产程序而能从破产企业的特定财产得到单独优先受偿的权利。

**2. 单项选择题**

（1）B　　　（2）A　　　（3）C　　　（4）B　　　（5）A　　　（6）D

（7）B　　　（8）C　　　（9）D　　　（10）D　　　（11）A　　　（12）D

**3. 多项选择题**

（1）ABD　　（2）BD　　（3）BC　　　（4）ABCD　（5）ABC　　（6）ABC

（7）AC。B项，不属于财产给付。D项，税务机关的行政处罚决定不属于平等主体之间的请求权，不得申报。

（8）ABC。和解与重整是可以选择的破产程序，并不是必经程序。

**4. 问答题**

（1）人民法院受理破产案件后的法律效果：

①对债务人的约束。自破产案件受理之日起，债务人的有关人员，包括法定代表人或经人民法院决定的财务管理人员和其他经营管理人员，应当正当履行破产法规定的义务，包括：妥善保管其占有和管理的财产、印章及账簿、文书等资料；根据人民法院、管理人的要求工作，并如实回答询问；列席债权人会议并如实回答债权人的询问；未经人民法院许可，不得离开住所地；不得新任其他企业的董事、监事、高级管理人员；不得对个人债权人清偿债务；担任保证人的债务人应当及时转告有关当事人；等等。

②对债权人的约束。法院受理破产申请后，债权人应向管理人申报债权，债权人在申报债权的同时亦应自动停止其个别追索行为，这是债权人参加破产程序行使权利的基础。这也意味着，债权人只能通过破产程序行使权利。在破产申请受理时，未到期的债权视为到期；附利息的债权自破产申请受理时起停止计息。

③对债务人的债务人或者财产持有人的约束。债务人的债务人或者财产持有人应当向管理人清偿债务或者交付财产。前述两类人员故意违反规定向债务人清偿债务或者交付财产，使债权人受到损失的，不免除其清偿债务或者交付财产的义务。

④管理人的权利。人民法院裁定受理破产申请的，应当同时指定管理人。管理人对破产申请受理前成立而债务人和对方当事人均未履行完毕的合同有权决定解除或者继续履行，并通知对方当事人。管理人自破产申请受理之日起2个月内未通知对方当事人，或者自收到对方当事人催告之日起30日内未答复的，视为解除合同。管理人决定继续履行合同的，对方当事人应当履行；但是，对方当事人有权要求管理人提供担保。管理人不提供担保的，视为解除合同。

⑤对其他民事程序的影响。法院受理破产案件后，有关债务人财产的保全措施应当解除，执行程序应当中止。已经开始而尚未终结的有关债务人的民事诉讼或者仲裁应当中止；在管理人接管债务人的财产后，该诉讼或者仲裁继续进行。有关债务人的民事诉讼，只能向受理破产申请的人民法院提起。

（2）破产财产的分配顺序：

破产财产在优先清偿破产费用和共益债务后，依照下列顺序清偿：

①破产人所欠职工的工资和医疗、伤残补助、抚恤费用，所欠的应当划入职工个人

账户的基本养老保险、基本医疗保险费用，以及法律、行政法规规定应当支付给职工的补偿金；

②破产人欠缴的除前项规定以外的社会保险费用和破产人所欠税款；

③普通破产债权。

破产财产不足以清偿同一顺序的清偿要求的，按照比例分配。破产企业的董事、监事和高级管理人员的工资按照该企业职工的平均工资计算。

《企业破产法》施行后，破产人在该法公布之前所欠职工的工资和医疗、伤残补助、抚恤费用，所欠的应当划入职工个人账户的基本养老保险、基本医疗保险费用，以及法律、行政法规规定应当支付给职工的补偿金，依照前述分配顺序的规定清偿后不足以清偿的部分，优先于对特定财产享有担保权的权利人受偿。这是《企业破产法》作出的突破性规定，目的是保障破产人职工的基本利益，这也是在市场经济条件下，企业更应承担相应的社会责任的表现。

**5. 案例题**

（1）《企业破产法》规定的破产界限为不能清偿到期债务，且资产不足以清偿全部债务或明显缺乏赔偿能力。在本案例中，甲公司虽然有 800 万元的债权，但因债务人破产仅取得 8 万元，即使加上厂房、投资等资产，也无法弥补其债务，满足法律规定的破产界限要求。

（2）破产财产是破产宣告时至破产终结期间，可用于破产分配的全部财产。在本案例中，属于破产财产的财产包括厂房、因丁公司破产分得的 8 万元、对丙公司 10％的投资。租赁设备为出租人所有，不得作为破产财产进行分配。

（3）人民法院经审查认为符合破产案件立案条件的，可以根据债权人或债务人的申请立案，开始破产程序。立案后，法院应当通知债权人，并发出公告，同时指定管理人，由管理人接管被申请破产的企业的经营管理和破产事务。所以，对债务人财产的清理应当由管理人完成，而非人民法院。同时，人民法院确定债权人申报债权的期限，然后召集债权人召开债权人会议。债权人会议无法通过和解或重整方案的，人民法院裁定宣告破产，进入破产财产分配阶段。所以在本案例中，由人民法院直接查找并评估债务人财产的做法违反程序。

# 第四章　合同法

**1. 名词解释**

（1）践成合同

践成合同指除当事人意思表示一致外尚须交付标的物才能成立的合同。

（2）要约

要约是希望与他人订立合同的意思表示。发出要约的人为要约人，受领要约的人为相对人或受要约人。

（3）格式条款

格式条款指一方当事人为了重复使用而预先拟定，并在订立合同时未与对方协商的条款。

（4）附条件合同

附条件合同指当事人约定把一定条件的成就作为效力发生或终止的根据的合同。所附条件可以是自然现象、事件、行为等等。

（5）不安抗辩权

不安抗辩权指在双务合同中，应当先履行义务的当事人有确切证据证明对方有丧失或可能丧失履行能力的情形时，在其作出对待给付或提供适当担保前有权拒绝自己给付。

**2. 单项选择题**

（1）D　　　　（2）A　　　　（3）B　　　　（4）D　　　　（5）B

（6）B　　　　（7）B　　　　（8）A　　　　（9）D　　　　（10）B

（11）B。限制民事行为能力人所从事的与其智力不相符的民事行为属于效力待定民事行为。

（12）B。乙以甲的名誉为要挟，迫使甲作出了违背其真实意思的表示行为，乙的行为应认定为胁迫。

（13）C。合同以书面形式订立的，最后签名、盖章或者按指印的地点为合同成立的地点，但是当事人另有约定的除外。本题中张某于乙地在合同上签字，王某于丙地在合同上签字，丙地为最后签字地，因而合同成立地为丙地。

（14）C。该声明属于免除自己责任的格式条款，无效。甲购买腾飞公司的产品，两者之间形成了买卖合同关系。腾飞公司提供的软件有质量问题，属于违约行为；造成甲电脑内重要资料丢失，属于侵权行为。甲可以选择要求腾飞公司承担违约责任或侵权责任，但不得同时提起侵权之诉和违约之诉。

（15）D。乙享有先履行抗辩权。

**3. 多项选择题**

（1）ABD　　（2）BCD　　（3）ABCDE　（4）ADE　　（5）ABDE

（6）ABD　　（7）ABC　　（8）AB　　　（9）BC

**4. 案例题**

（1）①合同未成立。因甲公司未加盖公章。

②缔约过失责任。因为发生在合同订立过程中。

③乙工厂可以要求甲公司赔偿而且甲公司应当赔偿，因为这属于基于诚实信用原则产生的信赖利益的损失。

（2）①在合同履行期限届满前，当事人一方明确表示不履行合同的主要债务的，另一方当事人有权解除合同。乙公司在解除合同的情况下，仍可向甲公司主张违约责任。

②B县法院。因为甲、乙两公司在合同中约定由合同履行地的法院管辖。履行地点不明确，除货币和不动产外的其他标的，在履行义务一方所在地履行。题中履行地在B县，故由B县法院管辖。

③由丙公司承担责任，出卖人出卖交由承运人运输的在途标的物，除当事人另有约定外，毁损、灭失的风险自合同成立时交由买受人承担。

④当事人既约定违约金，又约定定金的，一方违约时，对方可以选择适用违约金或定金条款。两者同时适用，法院不予支持。

⑤是效力待定合同。乙公司和丙公司约定在丙公司付清货款前，乙公司保留所有权。丙公司出卖所有权属于乙公司的货物，属于无权处分行为，因此其与丁公司签订的合同是效力待定合同。

（3）本案例主要涉及格式合同、缔约过失责任和代位追索债权的问题。格式合同，也称格式条款，是指为了重复使用而事先拟定并在订立合同时未与对方协商的条款。在本案例中，永和公司要求明泰公司在任何情况下都不得毁约，否则已经支付的房款不予退还，这属于格式条款。该格式条款排除了明泰公司的合同权利，应无效。

缔约过失责任是指在缔约过程中，缔约人因违反法律规定、违背诚信原则，致使合同未能成立，并给对方造成损失而承担的损害赔偿责任。本案中，永和公司由于涉嫌非法集资等违法行为而导致与明泰公司的购房合同无法订立，因而给明泰公司造成了损失，永和公司应当承担责任，所承担的责任即为缔约过失责任。

永和公司对兴业公司有到期债权，在永和公司因不积极主张债权而无力偿还明泰公司已经支付的 100 万元房款的情况下，明泰公司可以行使代位权，要求兴业公司向永和公司偿还 300 万元债务。

# 第五章　担保法

**1. 名词解释**

（1）连带责任保证

连带责任保证是指保证人在债务人不履行债务时，与债务人负连带责任的保证。若连带责任保证的债务人在主合同规定的债务履行期届满时没有履行债务，债权人既可以要求债务人履行债务，又可以要求保证人在其保证的范围内承担保证责任。

（2）抵押

抵押是指在债务人或第三人不转移对财产的占有的情况下，以特定的财产作为履行合同的担保，当债务履行期届满债务人不履行债务时，债权人有权依法律的规定以该财产折价或以拍卖、变卖该财产的价款优先受偿。

（3）质押

质押是指债务人或第三人将其出质的财产移交给债权人占有，以该财产作为债权的担保，当债务人不履行债务或者发生当事人约定的实现质权的情形时，债权人有权以该财产折价或以拍卖、变卖该财产的价款优先受偿。

（4）留置

留置是指债务人不履行到期债务，债权人对其合法占有的债务人的动产有权依法律规定留置，以该财产折价或以拍卖、变卖该财产的价款优先受偿。

（5）解约定金

解约定金是指交付定金的一方可以以丧失定金为代价解除合同，收受方可以以双倍返还定金为代价解除合同的定金形式。

**2. 单项选择题**

（1）C

（2）A。《民法典》第 692 条规定："没有约定或者约定不明确的，保证期间为主债务履行期限届满之日起六个月。"这一规定改变了原来的"没有约定，6个月；约定不明，2年"的规定。此处甲、丙作出的"丙承担保证责任直至甲向乙还清本息为止"的约定属于约定不明，适用"保证期间为主债务履行期限届满之日起六个月"的规定。

（3）B。有价证券流转需要背书的，以背书作为质权的对抗要件。

（4）B　　　（5）B　　　（6）B　　　（7）A　　　（8）B

（9）B　　　（10）B

（11）D。以不动产为抵押物的，应当办理登记，抵押权自登记之日起设立。需要注意的是，抵押合同自订立时生效，即4月8日抵押合同生效。

（12）D。不论是一般保证还是连带责任保证，如果双方对保证期间没有约定，都是主债务履行期届满之日起6个月。

（13）C　　　（14）A

### 3. 多项选择题

（1）BC　　　（2）AC　　　（3）AC　　　（4）CD　　　（5）AD

### 4. 问答题

（1）设定抵押后，抵押人对抵押物的权利如下：

设定抵押后，抵押人并不丧失对抵押物的所有权，抵押人有权将抵押物转让给他人。抵押人对抵押物的处分仍受到一定的限制。

①抵押物转让。其一，抵押人转让已经办理登记的抵押物的，应通知抵押权人并告知受让人转让物已经抵押的情况。需要注意：一是抵押人转让抵押物，只需要履行通知义务，而不需要取得抵押权人的同意；二是根据相关担保法律规定，未经通知的抵押物转让，抵押物已经登记的，转让有效，只是不能对抗抵押权人，抵押权人仍可在抵押物上行使抵押权。其二，抵押人未通知抵押权人或未告知受让人的，抵押权人仍可行使抵押权；取得抵押物所有权的受让人，可以代替债务人清偿其全部债务，使抵押权消灭。受让人清偿债务后可以向抵押人追偿。其三，抵押物未经登记的，抵押权不得对抗受让人，因此给抵押权人造成损失的，由抵押人承担赔偿责任。

②抵押物被依法继承或赠与的，抵押权不受影响。

（2）抵押权的实现顺序。

抵押权的实现顺序是抵押制度的基本内容：

①以登记为抵押合同的生效条件的，抵押权的实现顺序以完成抵押物登记的先后顺序为准。

②在自愿登记情形下，其实现顺序为：登记的优先于未登记的；均未登记的，按照债权比例清偿。未办理登记的多个抵押的清偿顺序，不是按照合同的生效时间确定顺序，而是按照债权比例清偿。

③同一债权上数个抵押权并存时：第一，债权人放弃债务人的抵押担保的（而非其他人的），其他抵押权人免除相应的担保责任；第二，数个抵押权无先后顺序的，债权人可以向任何一个抵押人行使抵押权；第三，抵押人承担责任后，对债务人有追偿权，对其他抵押人有相应份额的追偿权。

④同一财产上有法定登记的抵押权和质权并存时，抵押权优先于质权清偿；同一财产抵押权与留置权并存时，留置权人优先于抵押权人受偿。

⑤同一财产向两个以上债权人抵押的，顺序在先的抵押权与该财产的所有权归属一人时，该财产的所有权人可以以其抵押权对抗顺序在后的抵押权。

⑥多个抵押权并存时，由于主债权的到期时间不同，要注意：首先，同一财产向两个以上债权人抵押的，顺序在后的抵押权所担保的债权先到期的，抵押权人只能就抵押物价值超出顺序在先的抵押担保债权的部分受偿；其次，顺序在先的抵押权所担保的债权先到期的，抵押权实现后的剩余价款应予以提存，留待清偿顺序在后的抵押担保债权。

⑦抵押合同签订后新增房屋不属于抵押物，但可以与抵押物一同拍卖，新增房屋拍卖款不属于抵押权的标的。集体土地使用权的抵押权实现后，土地用途不能变更。划拨的国有土地使用权的抵押权实现时，所实现价款应当优先缴纳土地出让金，然后才是债权人的优先受偿权。

**5. 案例题**

（1）如果丙为善意第三人，可以取得字画，乙应当为其无权处分行为承担责任。如果丙明知该字画非乙所有，则应返还该字画，无权取得对字画的所有权。

（2）由于乙的过失导致字画破损，字画受损的责任应当由乙承担。破损了的字画若已经失去价值，则质权因质物不存在而失效。若字画仍有价值，则质押有效。

（3）乙对小偷偷走字画不存在过错，不应承担质物丢失的责任。但由于质物已丢失，质权失效。

# 第六章　票据法

**1. 名词解释**

（1）票据

票据是指出票人依据票据法签发的、约定由自己或委托他人于见票时或者确定的日期，向持票人或收款人无条件支付一定金额的有价证券。

（2）票据权利

票据权利是指持票人向票据债务人请求支付票据金额的权利，包括付款请求权和追索权。

（3）汇票

汇票是由出票人签发的、委托付款人在见票时或者在指定日期无条件支付确定的金额给收款人或者持票人的票据。

（4）背书

背书是指收款人（持票人）以转让票据权利为目的在票据上签章并进行必要的记载所做的一种附属票据行为。

**2. 单项选择题**

（1）A　　　（2）D　　　（3）C　　　（4）C　　　（5）C
（6）A　　　（7）B　　　（8）A　　　（9）C　　　（10）D

（11）A。因为票据具有无因性，因而票据债务人不得以自己与出票人或者与持票人的前手之间的抗辩事由对抗持票人，因此B错误。但付款人与持票人之间的债权债务关系可以成为拒绝付款的理由，即法律允许票据债务人对不履行约定义务的与自己有直接债权债务关系的持票人进行抗辩，因此 A 正确。C 项中，无条件承兑并不意味着不享有任何抗辩的权利，如果丁公司为 A 选项中的某银行，则丁公司也可以享有抗辩权。无条件支付的委托是汇票的必要记载事项，因而 D 选项错误。

**3. 多项选择题**

（1）ABCD　（2）ABCD　（3）ACD　（4）ABD　（5）BCD

（6）AB。背书人（甲）在汇票上记载"不得转让"字样，其后手（丁）再背书转让的，原背书人（甲）对后手（丁）的被背书人（戊）不承担保证责任，但不影响出票人（乙）、承兑人（丙）以及原背书人的前手（本案中即为出票人）的票据责任。但是本案中丙银行已经拒绝承兑，因而不承担票据责任，故只有甲公司、丙银行免责，乙作为出票人，丁作为前手，都要承担票据责任。

**4. 案例题**

（1）①2025 年 1 月 3 日。根据《票据法》的规定，出票时未记载付款日期的，为见票即付汇票。而见票即付汇票的出票人承担责任的期限为出票后两年。

②表明"汇票"的字样；无条件支付的委托；付款人名称；出票人签章。

③不享有。因为根据《票据法》的规定，出票人在汇票上记载"不得转让"字样的，汇票不得转让。

（2）①合法。因为持票人的前手对持票人负有票据责任。

②B 公司的抗辩不合法。根据《票据法》的规定，票据债务人不得以自己与出票人或者与持票人前手之间的抗辩事由对抗持票人。

③以欺诈、偷盗或者胁迫等手段取得票据的，或者明知有前列情形，出于恶意取得票据的。

④票据抗辩是指票据债务人根据《票据法》的规定对票据债权人拒绝履行义务的行为。

# 第七章　证券法

**1. 名词解释**

（1）证券交易所

证券交易所是为证券集中交易提供场所和设施，组织和监督证券交易，实行自律管理的法人。证券交易所有公司制和会员制之分。

（2）证券公司

证券公司是指依照《公司法》和《证券法》的规定设立、经营证券业务、具有独立法人地位的有限责任公司和股份有限公司。

（3）证券发行

证券发行是指符合发行条件的商业或政府组织为筹集资金，以同一条件向特定或不特定的公众招募或出售证券的行为。证券发行分为公开发行和非公开发行。

（4）内幕交易

内幕交易是指知悉证券交易内幕信息的知情人和非法获取内幕信息的人，利用内幕信息进行证券交易的活动。

（5）上市公司收购

上市公司收购是指投资者为取得某一上市公司的控股权或实施对某一上市公司的兼并，依法定程序公开购入该公司发行在外的部分或全部股份的行为。实施收购行为的投资者称为收购人，作为收购目标的上市公司称为被收购公司。

**2. 单项选择题**

（1）A　　（2）B　　（3）D　　（4）B　　（5）B

（6）B　　（7）D　　（8）C

（9）B。公司的董事、1/3 以上的监事或者经理发生变动，上市公司需要临时报告。

（10）B

（11）D。有限责任公司不可发行股票，故 A 错误。股票的风险较债券要高，故 B 错误。股票的流通性较债券要高，故 C 错误。

（12）D。ABC 均属于操纵证券市场行为。

**3. 多项选择题**

（1）ABCD　　（2）ABC　　（3）ABD　　（4）ABCD

（5）ABC。证券交易所决定终止证券上市交易的，应当及时公告，并报国务院证券监督管理机构备案，不是报国务院证券监督管理机构审核。

（6）ABD　　（7）ABDE

（8）ABCD。《证券法》第 47 条、第 48 条明确由证券交易所对证券上市条件和终止上市情形作出具体规定。由证券交易所对上市和退市相关业务规则作出规定，公司申请股票及可转换公司债券在本所上市、本所上市公司股票及可转换公司债券的暂停上市、恢复上市和终止上市等事宜，按照如《上海证券交易所股票上市规则》等有关规定执行。

（9）BC

**4. 问答题**

（1）《证券法》规定，对于以下两种情形，不得再次公开发行公司债券：①对已公开发行的公司债券或者其他债务有违约或者延迟支付本息的事实，仍处于继续状态；②违反《证券法》规定，改变公开发行公司债券所募资金的用途。

（2）《证券法》规定禁止证券交易内幕信息的知情人和非法获取内幕信息的人利用内幕信息从事证券交易活动。内幕交易是指知悉证券交易内幕信息的知情人和非法获取内幕信息的人，利用内幕信息进行证券交易的活动。

内幕信息，主要是指《证券法》第 80 条及第 81 条规定的，对股票及债券交易价格产生较大影响的，需要上市公司向国务院证券监督管理机构和证券交易场所报送临时报告的重大事件。影响股票价格变化的内幕信息主要包括：公司的经营方针和经营范围的重大变化；公司的重大投资行为，公司在 1 年内购买、出售重大资产超过公司资产总额的 30%，或者公司营业用主要资产的抵押、质押、出售或者报废一次超过该资产的 30%；公司发生重大亏损或者重大损失；公司分配股利、增资的计划，公司股权结构的重要变化，公司减资、合并、分立、解散及申请破产的决定，或者依法进入破产程序、被责令关闭；等等。影响公司债券价格变化的内幕信息主要包括：公司股权结构或者生产经营状况发生重大变化；公司债券信用评级发生变化；公司重大资产抵押、质押、出售、转让、报废；等等。内幕交易行为给投资者造成损失的，行为人应当依法承担赔偿责任。

内幕信息的知情人包括：①发行人及其董事、监事、高级管理人员；②持有公司5％以上股份的股东及其董事、监事、高级管理人员，公司的实际控制人及其董事、监事、高级管理人员；③发行人控股或者实际控股的公司及其董事、监事、高级管理人员；④由于所任公司职务或者因与公司业务往来可以获取公司有关内幕信息的人员；⑤上市公司收购人或者重大资产交易方及其控股股东、实际控制人、董事、监事和高级管理人员；⑥因职务、工作可以获取内幕信息的证券交易场所、证券公司、证券登记结算机构、证券服务机构的有关人员；⑦因职责、工作可以获取内幕信息的证券监督管理机构工作人员；⑧因法定职责对证券的发行、交易或者对上市公司及其收购、重大资产交易进行管理可以获取内幕信息的有关主管部门、监管机构的工作人员；⑨国务院证券监督管理机构规定的可以获取内幕信息的其他人员。

**5.案例题**

（1）根据《证券法》的规定，A公司公开发行新股需要满足：①具备健全且运行良好的组织机构；②具有持续经营能力；③最近3年财务会计报告被出具无保留意见审计报告；④发行人及其控股股东、实际控制人最近3年不存在贪污、贿赂、侵占财产、挪用财产或者破坏社会主义市场经济秩序的刑事犯罪；⑤经国务院批准的国务院证券监督管理机构规定的其他条件。虽然A公司的实际控制人曾受到过刑事处罚，但不属于上述所称破坏社会主义市场经济秩序的刑事犯罪，故符合公开发行新股的条件。

（2）不合法。第一，《证券法》规定，经营证券承销与保荐业务的证券公司注册资本最低限额为1亿元。此处证券公司B的注册资本为5 000万元，明显不符合要求。第二，证券公司B的控股股东利用承销与保荐时获取的A公司的内幕信息进行内幕交易，非法获利500万元。根据《证券法》的规定，证券交易内幕信息的知情人或者非法获取内幕信息的人违反法律规定从事内幕交易的，责令依法处理非法持有的证券，没收违法所得，并处以违法所得1倍以上10倍以下的罚款；没有违法所得或者违法所得不足50万元的，处以50万元以上500万元以下的罚款。单位从事内幕交易的，还应当对直接负责的主管人员和其他直接责任人员给予警告，并处以20万元以上200万元以下的罚款。国务院证券监督管理机构工作人员从事内幕交易的，从重处罚。

（3）不符合法律规定。第一，《证券法》规定，投资者持有或者通过协议、其他安排与他人共同持有一个上市公司已发行的有表决权股份达到5％时，应当在该事实发生之日起3日内，向国务院证券监督管理机构、证券交易所作出书面报告。在上述案情中，A公司在持有股份达5％的5日后才作出书面报告的做法不符合规定。第二，《证券法》规定，收购要约的期限不得少于30日，并不得超过60日。在上述案例中，90日的收购要约期限明显不符合规定。

# 第八章　保险法

**1.名词解释**

（1）再保险

再保险是指对原保险的保险责任再予以承保的保险。即保险人将自己承保业务中的一部分或全部危险责任再分摊给另一个保险人承担，以减轻原保险人自身所负担的经济赔偿责任。

（2）复保险

复保险是指投保人对同一保险标的、同一保险利益、同一保险事故分别向两个以上保险人订立保险合同的保险。复保险的保险金额总和超过保险价值的，各保险人赔偿金额的总和不得超过保险价值。

（3）受益人

受益人是指人身保险合同中由被保险人或者投保人指定的享有保险金请求权的人，投保人、被保险人可以为受益人。

（4）超额保险

超额保险是指保险金额超过保险价值的保险。保险法一般规定保险金额不得超过保险价值，超过保险价值的，超过的部分无效。

（5）委付

委付是指保险事故发生后，保险人已支付了全部保险金额，并且保险金额等于保险价值的，受损保险标的的全部权利归于保险人；保险金额低于保险价值的，保险人按照保险金额与保险价值的比例取得受损保险标的的部分权利。

**2. 单项选择题**

（1）B　　　（2）A　　　（3）D　　　（4）B　　　（5）D

（6）D　　　（7）A　　　（8）A　　　（9）D　　　（10）C

（11）A。本案中王某的损失由邻居的过错造成，因而可以向邻居索赔。同时，由于王某投保了家庭财产保险，火灾损失属于赔偿范围，可以向保险公司索赔。保险公司赔偿后有权向王某的邻居行使代位追偿权。

（12）C。人身保险合同的保险利益用家庭成员关系和被保险人同意的方式予以确定，并非没有保险利益，因此D错误。财产保险要求保险事故发生时，被保险人对保险标的应当具有保险利益；人身保险要求保险合同订立时，投保人对被保险人应当具有保险利益。因而A和B错误。

**3. 多项选择题**

（1）AB　　　（2）AB　　　（3）ABCD　　　（4）ABD　　　（5）AD

（6）ABCD　　（7）ACD

（8）ACD。人身保险的受益人由被保险人或者投保人指定，投保人指定时须经被保险人同意，因而A正确。被保险人或者投保人可以变更受益人，投保人变更受益人时须经被保险人同意，因而C正确。人身保险的第一受益人为受益人，其次是被保险人，受益人先于被保险人死亡的，被保险人死亡后，保险金成为被保险人（乙）的遗产，甲有权继承其妻（乙）的遗产，因而D正确。代位追偿权仅存在于财产保险中，因而B错误。

**4. 案例题**

（1）①《中华人民共和国保险法》（以下简称《保险法》）第46条规定：人身保险的被保险人因第三者的行为而发生死亡、伤残或者疾病等保险事故的，保险人向被保险人或者受益人给付保险金后，不得享有向第三者追偿的权利。人的死亡、伤残给被害人所造成的损害，是金钱难以计算的。《保险法》关于财产保险的规定，不适用于人身保险。

在这里，保险公司的赔付行为对被保险人与事故责任方之间的债权债务关系不产生任何影响。因此，小红从保险公司处得到赔偿以后，仍然有权就全部损失请求事故责任方予以赔偿。

②能起诉。《民法典》第188条规定：向人民法院请求保护民事权利的诉讼时效期间为三年。小红因意外而眼球遭到损害，属于人格权中的身体权受到了侵害，适用《民法典》一般的诉讼时效。《民法典》第995条规定：受害人的停止侵害、排除妨碍、消除危险、消除影响、恢复名誉、赔礼道歉请求权，不适用诉讼时效的规定。故小红及其父母要求侵害方赔礼道歉的请求权没有诉讼时效的限制。

③本案涉及两个法律关系：一个是投保人与保险公司的法律关系，另一个是小红与事故责任方的债权债务法律关系。

（2）①王强有权免除肇事者赔偿自己车辆损失的责任，因为财产所有权人有权放弃自己的财产权利。

②平安保险公司拒绝赔偿有法律根据。《保险法》第61条明确规定：保险事故发生后，保险人赔偿保险金之前，被保险人放弃对第三者请求赔偿的权利的，保险人不承担赔偿保险金的责任。保险人向被保险人赔偿保险金后，被保险人未经保险人同意放弃对第三者请求赔偿的权利的，该行为无效。由于被保险人的过错致使保险人不能行使代位追偿权的，保险人可以相应扣减保险赔偿金。因为王强放弃了对肇事者的赔偿请求权，也就无权请求平安保险公司赔偿。

③王强无权要求平安保险公司赔偿自己的损失，因为其对李丽的弃权行为对平安保险公司也发生效力。

# 第九章　信托法

**1. 名词解释**

（1）私益信托

私益信托是指委托人为了特定的受益人的利益而设立的信托，其最大的特点在于受益人是特定的、具体的。私益信托包括遗嘱信托、投资信托等。

（2）公益信托

公益信托是指为促进社会公共利益的发展或慈善目的而设立的信托。受益人是社会全体或相当大的一部分人。

（3）自益信托

自益信托是指委托人将自己指定为受益人而设立信托，致使信托上的利益归属于委托人本身的信托，如各种各样的投资信托。

（4）信托财产独立性

信托财产具有独立性，独立于受托人的自有财产。信托财产虽然名义上属受托人所有，但本质上并非受托人的自有财产，它不能用以抵偿受托人的个人债务，不能作为其破产财产，不能列入其遗产成为被继承的对象，也不能作为受托人的财产被强制执行。此外，受托人的债权人不能将信托财产作为抵押物。

**2. 单项选择题**

(1) D      (2) B      (3) C      (4) C      (5) A

(6) D      (7) C      (8) C      (9) C      (10) B

**3. 多项选择题**

(1) ACD      (2) ABD      (3) ACD      (4) ABCD      (5) BDE

**4. 问答题**

(1) 受托人的权利和义务：

受托人在信托关系中居于核心地位，法律对受托人义务的规定比较多，主要有：按照委托人的意旨管理信托财产、处理信托事务；善良管理人的注意义务；忠于信托目的的义务；对信托财产分别管理的义务；亲自处理信托事务的义务；账簿制作、报告和保密的义务；向受益人交付利益的义务。其权利包括：管理信托财产、处理信托事务；就自己执行信托获得报酬。

(2) 信托的特征：

①信托是一种以财产权为中心的法律关系，财产权是信托行为成立的前提。

②委托人必须将其财产权转移或处分给受托人。

③信托财产具有独立性。

④受托人是对外唯一有权管理、处分信托财产的人。

⑤受托人必须按照委托人设立信托的意旨管理和处分信托财产，为受益人谋利益。

⑥信托基于委托人对受托人的充分信任而设立。

# 第十章　金融法

**1. 名词解释**

(1) 中央银行法

中央银行法是确立中央银行的性质、地位与职责权限，规范中央银行的组织及其活动开展的法律规范的总称。中央银行法的基本内容包括：中央银行的法律地位，中央银行的职能，中央银行的组织体系，中央银行的货币政策工具，中央银行对货币的发行管理及对金银、外汇的管理。

(2) 货币政策工具

货币政策工具是指中央银行为实现货币政策目标而运用的手段，也是中央银行开展金融业务所必需的手段。货币政策工具主要有存款准备金率、再贴现、公开市场操作、再贷款等。

(3) 存款准备金

存款准备金是指中央银行为使商业银行满足客户的存款提取和资金清偿需要而依法规定或调整商业银行缴存中央银行的存款准备金与其存款总额的比率，直接控制商业银行创造信用的能力、间接控制货币供应量的措施。

(4) 经常项目外汇

经常项目是指国际收支中经常发生的交易项目，包括贸易收支、劳务收支、单方转移支付等。在这些项目中发生的外汇，就是经常项目下的外汇。

**2. 单项选择题**

(1) C　　　(2) A　　　(3) A　　　(4) C　　　(5) B

(6) B　　　(7) D　　　(8) C　　　(9) C　　　(10) A

**3. 多项选择题**

(1) ABC　　(2) ABCD　　(3) ACD　　(4) AC　　(5) ABC

(6) AD。B 和 C 的规定为 2008 年修订前《外汇管理条例》的内容，对经常项目的管制更为严格，而 2008 年修订的《外汇管理条例》大大简化了对经常项目外汇管理的规定。

(7) BCD。A 项的规定为 2008 年修订前《外汇管理条例》的内容。

**4. 问答题**

(1) 对商业银行的监督管理主要体现在三个方面：一是金融监管总局的监督管理。金融监管总局主要在业务风险、内部风险、市场风险和机构风险四大领域进行监管。在业务风险监管方面，金融监管总局通过《商业银行信用卡业务监督管理办法》等文件进行监督管理；在内部风险监管方面，金融监管总局通过《商业银行内部控制指引》等文件进行内部控制引导；在市场风险监管方面，金融监管总局通过《商业银行市场风险管理指引》等文件进行规范；在机构风险监管方面，金融监管总局则通过《城市信用社监管与发展规划》等文件进行指引。

二是商业银行内部的监督管理。主要体现在三个方面：首先，商业银行应当按照金融监管总局的规定，制定本行的业务规章，建立、健全本行的业务管理、现金管理和安全防范制度。其次，商业银行应当建立、健全对自身及其分支机构的稽核、检查制度。最后，商业银行的监事会依法履行监督职责，进行监管。

三是审计机关的监督管理。县级以上各级政府都设立了审计机关，对各级政府的各个部门、金融机构以及依法确定为受审计监督的单位的财务收支进行审计监督。

(2) 金融监管总局的主要职责体现在：

根据 2023 年 3 月 16 日中共中央、国务院印发的《党和国家机构改革方案》，金融监管总局的主要职责在于统一负责除证券业之外的金融业监管，强化机构监管、行为监管、功能监管、穿透式监管、持续监管，统筹负责金融消费者权益保护，加强风险管理和防范处置，依法查处违法违规行为。

# 第十一章　知识产权法

**1. 名词解释**

(1) 著作权

著作权（又称版权）是指文学、艺术、科学作品的作者或其他著作权人对其作品在法律规定的期限内所享有的人身权利和财产权利的总称。

(2) 职务作品

职务作品是公民为完成法人或其他组织的工作任务所创作的作品。职务作品一般由作者享有著作权，但法人或其他组织有权在其业务范围内优先使用。

（3）邻接权

邻接权也称作品的传播者权，指作品的传播者在传播作品的过程中对其创造性劳动成果依法享有的专有权利。

（4）商标

商标是商品和商业服务的标记，它是商品生产者、经营者、服务提供者为了使自己生产、销售的商品或提供的服务与其他商品或服务相区别而使用的一种标记。

（5）发明

专利法所称的发明是指对产品、方法或者其改进所提出的新的技术方案。

**2. 单项选择题**

（1）D　　（2）A　　（3）B　　（4）C　　（5）A

（6）A　　（7）D　　（8）C　　（9）D　　（10）A

（11）B　（12）B　（13）A　（14）D　（15）A

（16）B。对于合作作品，不可分割使用的，由合作作者通过协商一致行使著作权；协商不成且无正当理由的，任何一方不得阻止他方行使除转让以外的权利，但所得收益应合理分配给所有合作作者。本题中，甲、乙行使的均不是转让权，因此除非丙提出正当的反对理由，否则不能阻止甲、乙行使权利。

**3. 多项选择题**

（1）BC　　（2）ABCD　　（3）AD　　（4）ACD　　（5）BCD

（6）ABC。选项A属于司法机关具有司法性质的文件，选项B属于法律文件的官方译本，都不属于《著作权法》的保护对象。选项C奥运会开幕式的火炬点燃创意仅属于思想，尚未形成表达，不属于《著作权法》的保护对象。作品一经完成，作者即享有著作权。我国是《伯尔尼公约》的缔约国，因此该公约成员国国民的影视作品不论是否发表，不论是否经过我国有关部门的审批，其著作权都受到《著作权法》的保护，审批只是决定能否在我国发行，因此，选项D受《著作权法》保护。

（7）ABD　　（8）AD

**4. 问答题**

优先权原则是《巴黎公约》确立的对工业产权国际保护的重要原则。根据《巴黎公约》的规定，公约成员国国民就同一商标在向一个成员国提出第一次申请后，该申请人或其权利继承人再向其他成员国提出申请的，以第一次提出申请的日期作为在后申请的申请日，即为优先权日。我国是《巴黎公约》的成员国之一，因此优先权原则也成为我国工业产权保护的一项重要原则。

（1）商标申请的优先权。商标注册申请人自其商标在外国第一次提出商标注册申请之日起6个月内，又在中国就相同商品以同一商标提出商标注册申请的，依照该外国同中国签订的协议或者共同参加的国际条约，或者按照相互承认优先权的原则，可以享有优先权。依照前述规定要求优先权的，应当在提出商标注册申请时提出书面声明，并且在3个月内提交第一次提出的商标注册申请文件的副本；未提出书面声明或逾期未提交商标注册申请文件副本的，视为未要求优先权。

商标在中国政府主办的或者承认的国际展览会展出的商品上首次使用的，自该商品展出之日起6个月内，该商标的注册申请人可以享有优先权。依照前述规定要求优先权的，应当在商标注册申请时提出书面声明，并且在 3 个月内提交展出其商品的展览会名称、在展出商品上使用该商标的证据、展出日期等证明文件，未提出书面声明或者逾期未提交证明文件的，视为未要求优先权。

（2）专利申请的优先权。可分为外国优先权和本国优先权。

外国优先权是指申请人自发明或者实用新型在外国第一次提出专利申请之日起 12 个月内，或者自外观设计在外国第一次提出专利申请之日起 6 个月内，又在中国就相同主题提出专利申请的，依照该外国同中国签订的协议或者共同参加的国际条约，或者依照相互承认优先权的原则，可以享有优先权。即把该申请人第一次提出专利申请的申请日作为在我国的申请日。

本国优先权是指申请人自发明或者实用新型在中国第一次提出专利申请之日起 12 个月内，或者自外观设计在中国第一次提出专利申请之日起 6 个月内，又向国务院专利行政部门就相同主题提出专利申请的，可以享有优先权。

**5. 案例题**

（1）不能获得批准。

《商标法》规定，将注册商标转让给他人，应转让商标所有权，转让人和受让人应当签订转让协议，并共同向商标局提出申请。受让人应当保证使用该注册商标的商品质量。转让注册商标经核准后，予以公告。受让人自公告之日起享有商标专用权。所以题干中仅由甲厂向商标局提出变更商标注册人名义的申请是不妥的。

（2）老王对自己创作的京剧脸谱享有著作权。老王受他人委托创作的作品为委托作品，委托作品的著作权根据双方约定，如果没有约定仍由创作者，也就是老王享有。老王为单位创作的作品为职务作品，著作权归单位。另外，老王赠送给老李的京剧脸谱，如果没有特别约定，著作权仍由老王享有，但脸谱的所有权归老李。

# 第十二章　产品质量法与消费者权益保护法

**1. 名词解释**

（1）进货检查验收制度

进货检查验收制度是指销售者进货时，要对所进货物进行检查，查明货物的质量，同时对货物应具备的标志是否齐备进行验查，查明可以销售时才予以进货的制度。

（2）消费者

消费者是指为了生活需要购买、使用商品或者接受服务的个体社会成员。

（3）消费权益争议

消费权益争议是指消费者因消费权益受到侵害而与经营者之间发生的纠纷。

**2. 单项选择题**

（1）C　　　（2）B　　　（3）C　　　（4）B　　　（5）D

（6）A　　　（7）C　　　（8）B　　　（9）A　　　（10）C

**3. 多项选择题**

（1）ABC　　（2）ABCD　（3）ABCD　（4）ACD　　（5）BC

（6）ACD

**4. 问答题**

消费权益争议的损害责任承担者有：

（1）生产者与销售者。消费者或者其他受害人因商品缺陷造成人身、财产损害的，既可以向销售者要求赔偿，又可以向生产者要求赔偿。销售者赔偿后，属于生产者的责任或者属于向销售者提供商品的其他销售者的责任的，销售者有权向生产者或者其他销售者追偿。

（2）展销会的举办者与柜台的出租者。消费者在展销会、租赁柜台购买商品或者接受服务，其合法权益受到损害的，可以向销售者或者服务者要求赔偿。展销会结束或者柜台租赁期满后，也可以向展销会的举办者、柜台的出租者要求赔偿。展销会的举办者、柜台的出租者赔偿后，有权向销售者或者服务者追偿。

（3）服务者。消费者在接受服务时，其合法权益受到损害的，可以向服务者要求赔偿。

（4）承受原企业权利义务的企业。消费者在购买、使用商品或者接受服务时，其合法权益受到损害，原企业已分立或合并的，可以向变更后承受其权利义务的企业要求赔偿。

（5）营业执照的持有人与使用人。使用他人营业执照的违法经营者提供商品或者服务，损害消费者合法权益的，消费者既可以向其要求赔偿，又可以向营业执照的持有人要求赔偿。

（6）广告主与广告经营者。消费者因经营者利用虚假广告或者其他虚假宣传方式提供商品或者服务，其合法权益受到损害的，可以向经营者要求赔偿。广告经营者、发布者发布虚假广告的，消费者可以请求行政主管部门予以惩处。广告经营者、发布者不能提供经营者的真实名称、地址和有效联系方式的，应当承担赔偿责任。

# 第十三章　竞争法

**1. 名词解释**

（1）商业秘密

商业秘密是指不为公众所知悉、能为权利人带来经济利益、具有实用性并经权利人采取保密措施的技术信息和经营信息。

（2）不正当竞争

不正当竞争是指经营者违反反不正当竞争法的规定，损害其他经营者的合法利益，扰乱社会经济秩序的行为。

（3）商业贿赂

商业贿赂是指经营者采用财务或者其他手段对有关人员进行贿赂，以销售或者购买其商品的行为。

（4）垄断协议

垄断协议是指两个或两个以上竞争者通过协议、决定或者其他协同行为排除、限制竞争的行为。

（5）经营者集中

经营者集中是指两个或两个以上经营者以一定的方式或手段形成的企业间资产、营业和人员的整合。

**2. 单项选择题**

（1）B　　（2）C　　（3）A　　（4）B　　（5）C　　（6）D

（7）C　　（8）A　　（9）B　　（10）B　　（11）A　　（12）B

（13）C　　（14）C

**3. 多项选择题**

（1）ABC　（2）ABC　（3）ABCD　（4）ABCD　（5）ABCD

（6）①ABD ②AB　　（7）AD　　（8）BC　　（9）AD

（10）AD

（11）CD。经营者集中是指两个或两个以上的经营者以一定的方式或手段形成的企业间资产、营业和人员的整合，包括经营者合并、经营者通过取得股权或者资产的方式取得对其他经营者的控制权、经营者通过合同等方式取得对其他经营者的控制权或者能够对其他经营者施加决定性影响等形式，因而 A 错误，D 正确。经营者集中实行事先申报制度，不得事后补充申报，因此 B 错误。2018 年 3 月，国务院进行机构改革后，负责经营者集中的反垄断审查的反垄断执法机构为国家市场监督管理总局，因此 C 正确。

**4. 案例题**

（1）根据规定，经营者不得利用广告或者其他方法，对商品或服务的性能、功能、质量、销售状况、用户评价、曾获荣誉等内容进行与客观事实不完全相符或者纯属捏造的宣传行为或做引人误解的宣传，以影响他人的认知，使他人对其商品的真实情况产生错误的联想。经营者不得编造、传播虚假事实，损害竞争对手的商业信誉、商品声誉。依据上述事实和法律规定，甲厂的行为既是一种引人误解的不正当竞争行为，又是一种诋毁他人商誉的不正当竞争行为。

（2）根据规定，经营者违反法律规定，给被侵害的经营者造成损害的，应当承担损害赔偿责任。被侵害的经营者的损失难以计算的，赔偿额为侵权人在侵权期间因侵权所获得的利润；并应当承担被侵害经营者因调查该经营者侵害其合法权益的不正当竞争行为所支付的合理费用。依据上述规定，乙厂的近 10 万元经济损失可以要求甲厂赔偿。

# 第十四章　劳动法

**1. 名词解释**

（1）未成年工

未成年工是指年满 16 周岁未满 18 周岁的劳动者。

（2）集体合同

集体合同是企业的工会组织或职工代表与所在企业以劳动报酬、工作时间、休息休假、劳动安全卫生、保险福利等事项为主要内容而签订的书面协议。

（3）社会保险制度

社会保险制度是指国家通过立法设立社会保险基金，使劳动者暂时或永久丧失劳动能力以及失业时获得物质帮助和补偿的社会保障制度。

（4）劳动争议

劳动争议亦称劳动纠纷，是指劳动者与用人单位之间因劳动问题而发生的纠纷。

**2. 单项选择题**

（1）B　　（2）B　　（3）B　　（4）C　　（5）B

（6）C　　（7）B　　（8）A　　（9）A　　（10）B

（11）B

**3. 多项选择题**

（1）BE　　（2）ACDE　　（3）ABD　　（4）DE　　（5）ABC

（6）ABD

（7）ABC。社会保险具有很强的人身性，是为了保障公民在年老、患病、工伤、失业、生育等情况下获得帮助和补偿。劳动者死亡后，遗属只能按照法律规定享受遗属津贴等，而不能继承社会保险待遇。

（8）ABC　　（9）ABCDE

**4. 问答题**

社会保险与商业保险的区别如下：

（1）保险性质不同。社会保险属于政策性保险，商业保险则是等价交换的买卖行为。

（2）保险对象不同。社会保险的对象是与用人单位建立劳动关系的薪金劳动者；而商业保险的对象是全体社会成员中一切自愿投保的人员。

（3）实施方式不同。社会保险属于国家强制性保险制度，其保险当事人不得自行确定是否参加保险、选择保险项目以及选择缴费标准，而商业保险是任意性保险制度，其保险当事人可以自愿决定是否参加商业保险的投保。

（4）缴费主体不同。社会保险费一般由劳动者、用人单位和政府三方共同负担，并且相当大部分是由国家负担；而商业保险费完全由被保险人缴纳。

（5）保障水平不同。社会保险的保障水平是根据基本生活需要原则和物质帮助原则确立的，通常在一般水平以下。商业保险的保障水平一般比社会保险的保障水平高。

（6）保险目的不同。社会保险旨在保障劳动者由于年老、患病、伤残、生育等原因丧失劳动能力或由于失业中断劳动时，从社会获得必要的帮助和补偿，它不以营利为目的；而商业保险是保险公司经营的一种金融活动，以营利为目的。

（7）保险功能不同。社会保险的主要功能在于保障劳动者在丧失劳动能力和失业时，从国家和社会获得必要的物质帮助，通过国民收入的再分配，保障劳动者的基本生活，以维护社会安定；而商业保险的功能主要在于当被保险人遭受保险事故时，给予一定的经济补偿以减轻其损失，这种补偿不一定能够保障被保险人的基本生活，也不是一种国民收入的再分配，只是意味着保险方与被保险方之间金融活动的结算，是一种纯粹的商业行为。

**5. 案例题**

(1) 马某与原企业的劳动合同未解除，因为不符合劳动合同解除的法定程序要件。马某只以口头形式提出解除劳动合同，不符合《劳动合同法》规定的劳动者提前 30 日以书面形式通知用人单位、可以解除劳动合同的程序要件。同时，企业对其要求未做答复，因而协商解除合同也不成立。

(2) 根据《劳动法》第 99 条的规定，用人单位招用尚未解除劳动合同的劳动者，对原用人单位造成经济损失的，该用人单位应当依法承担连带赔偿责任，因此，合资企业应承担连带赔偿责任。

# 第十五章　税法与价格法

**1. 名词解释**

(1) 税率

税率是指纳税额与征税对象数额的比例。它是计算应纳税额的主要尺度，是税法中的核心要素。我国现行税法分别采用比例税率、累进税率和定额税率三种。

(2) 超额累进税率

超额累进税率是对征税对象的不同等级部分同时适用相应的税率，每一次计算仅以征税对象数额超过前级的部分作为计算基数，然后将计算结果相加得出应纳税款数额的税率。

(3) 增值税

增值税是以商品生产和流通中各环节的新增价值或商品附加值为征税对象的一种流转税。

(4) 政府指导价

政府指导价是指由政府价格主管部门或者其他有关部门，按照定价权限和范围规定基准价及其浮动幅度，指导经营者制定的价格。

**2. 单项选择题**

(1) C　　　(2) A　　　(3) D　　　(4) B　　　(5) B

(6) D　　　(7) B　　　(8) B　　　(9) A　　　(10) D

(11) C。《企业所得税法》第 1 条规定，在中华人民共和国境内，企业和其他取得收入的组织为企业所得税的纳税人，依照《企业所得税法》的规定缴纳企业所得税。个人独资企业和合伙企业不适用《企业所得税法》。个人独资企业和合伙企业仅缴纳个人所得税。

(12) C。在中国境内有机构和场所的非居民企业适用的税率与居民企业相同，都为25％，因而 C 错误。

(13) C。

**3. 多项选择题**

(1) ABD　　(2) BCD　　(3) BD　　(4) ABCD　　(5) ACD

(6) ABCD

**4. 问答题**

《价格法》所规定的经营者的价格义务有：

（1）经营者应当努力改进生产经营管理，降低生产经营成本，为消费者提供价格合理的商品和服务，并在市场竞争中获取合法利润。

（2）经营者应当根据其经营条件建立、健全内部价格管理制度，准确记录与核定商品和服务的生产经营成本，不得弄虚作假。

（3）经营者的定价活动，应当遵守法律、法规，执行依法制定的政府指导价、政府定价和法定的价格干预措施、紧急措施。

（4）经营者销售、收购商品和提供服务，应当按照政府价格主管部门的规定明码标价，注明商品的品名、产地、规格、等级、计价单位、价格或者服务的项目、收费标准等有关情况。经营者不得在标价之外加价出售商品，不得收取任何未予标明的费用。

## 第十六章　环境法与自然资源法

**1. 名词解释**

（1）"三同时"制度

"三同时"制度是指一切可能对环境造成影响的基本建设项目、技术改造项目或资源开发项目等，其防治污染的设施，必须与主体工程同时设计、同时施工、同时投产使用的制度。

（2）环境监测

环境监测是指依法从事环境监测的机构及其工作人员，按照有关法律法规规定的程序和方法，运用物理、化学或生物等方法，对环境中各项要素及其指标或变化进行经常性监测或长期跟踪测定的科学活动。

（3）特殊区域环境保护

特殊区域环境保护是指国家和社会为使特殊区域环境免遭人类活动的不利影响而采取的维护、保留、恢复等措施的总称。

**2. 单项选择题**

（1）A　　　　（2）C　　　　（3）C　　　　（4）B　　　　（5）C　　　　（6）C

**3. 多项选择题**

（1）CD　　　（2）AD　　　（3）ABCDE　（4）ABCDE　（5）ABCDE

**4. 问答题**

环境法是指由国家制定或认可并由国家强制力保证实施的，以保护和改善环境为目的，调整人们在环境资源的开发和利用过程中所形成的社会关系的法律规范的总称。

环境法的基本原则包括：

（1）可持续发展原则。

（2）预防为主、防治结合、综合治理原则。

（3）国家干预、公民参与原则。

（4）开发者养护、污染者治理原则。

## 第十七章　诉讼法与仲裁法

**1. 名词解释**

（1）民事管辖恒定

民事管辖恒定是指在受理起诉时对案件有管辖权的法院，对案件自始至终都有管辖权，不因当事人住所地或法院辖区变化等丧失其管辖权。

（2）民事诉讼原告

民事诉讼原告是指为维护本人或依法由其管理、保护的民事权益而以其自己的名义向人民法院起诉，启动民事诉讼程序的人。

（3）转移管辖

转移管辖又称管辖权转移，是指基于上级人民法院的裁定，下级人民法院将自己管辖的行政案件转交上级人民法院审理，或上级人民法院将自己有管辖权的行政案件交由下级人民法院审理。

（4）仲裁协议

仲裁协议是双方当事人于纠纷发生前或纠纷发生后，以书面形式作出的提交仲裁解决纠纷的真实意思表示。

**2. 单项选择题**

（1）C　　　（2）B　　　（3）A　　　（4）A　　　（5）C　　　（6）A

（7）D　　　（8）B　　　（9）D　　　（10）A　　　（11）B　　　（12）A

（13）A

**3. 多项选择题**

（1）ABCD　　（2）ABD　　（3）AB　　（4）ABCD　　（5）ACD

（6）BCD　　（7）ABCD　　（8）ABC

**4. 问答题**

（1）第二审人民法院对上诉案件，经过审理，按照下列情形分别处理：

①原判决认定事实清楚，适用法律正确的，判决驳回上诉，维持原判决。

②原判决认定事实错误或适用法律错误的，依法改判。

③原判决认定基本事实不清，裁定撤销原判决，发回原审人民法院重审，或者查清事实后改判。

④原判决违反法定程序，裁定撤销原判决，发回原审人民法院重审。当事人对重审案件的判决、裁定，可以上诉。

（2）行政诉讼的原告指认为行政机关的行政行为侵害了自己的合法权益，依法提起诉讼的公民、法人和其他组织。有权提起诉讼的公民死亡，其近亲属可以提起诉讼。有权提起诉讼的法人或者其他组织终止，承受其权利的法人或者其他组织可以提起诉讼。

行政诉讼的被告指公民、法人或者其他组织直接向人民法院提起诉讼的、作出行政行为的行政机关。经复议的案件，复议机关决定维持原行政行为的，作出原行政行为的行政机关和复议机关是共同被告；复议机关改变原行政行为的，复议机关是被告。复议机关在法定期限内未作出复议决定，公民、法人或者其他组织起诉原行政行为的，作出原行政行为的行政机关是被告；起诉复议机关不作为的，复议机关是被告。由法律、法规授权的组织所做的行政行为，该组织是被告。由行政机关委托的组织所做的行政行为，委托的行政机关是被告。

两个以上行政机关作出同一行政行为的，共同作出行政行为的行政机关是共同被告。行政机关被撤销的，继续行使其职权的行政机关是被告。

**5. 案例题**

(1) 天南公司的行为是不正确的。A银行在为海北公司提供担保函时未明确约定保证责任方式，根据《民法典》第686条和第687条的规定，当事人明确约定"保证方式为一般保证"或者"债务人不能履行债务时由保证人承担保证责任"时，保证方式为一般保证；当事人在保证合同中"对保证方式没有约定或者约定不明确"时，按照一般保证承担保证责任。A银行作为一般保证人，享有先诉抗辩权。A银行不可以与海北公司一同成为被申请人。由于天南公司和海北公司签订的融资租赁合同约定了仲裁条款，故天南公司向珠海仲裁委员会申请仲裁的做法是正确的。

**答案依据及解析。**《中华人民共和国仲裁法》(以下简称《仲裁法》) 第4条规定：当事人采用仲裁方式解决纠纷，应当双方自愿，达成仲裁协议。没有仲裁协议，一方申请仲裁的，仲裁委员会不予受理。《仲裁法》第6条规定：仲裁委员会应当由当事人协议选定。《民法典》第686条规定：保证的方式包括一般保证和连带责任保证。当事人在保证合同中对保证方式没有约定或者约定不明确的，按照一般保证承担保证责任。

(2) 天南公司不能向人民法院起诉，因为双方当事人已自愿达成了仲裁协议。

**答案依据及解析。**《仲裁法》第5条规定：当事人达成仲裁协议，一方向人民法院起诉的，人民法院不予受理，但仲裁协议无效的除外。

(3) 仲裁委员会应将该财产保全申请依法提交人民法院。

**答案依据及解析。**《仲裁法》第28条规定：一方当事人因另一方当事人的行为或者其他原因，可能使裁决不能执行或者难以执行的，可以申请财产保全。当事人申请财产保全的，仲裁委员会应当将当事人的申请依照民事诉讼法的有关规定提交人民法院。申请有错误的，申请人应当赔偿被申请人因财产保全所遭受的损失。

(4) 天南公司既可以根据双方达成的书面仲裁协议重新申请仲裁，又可以向人民法院起诉。

**答案依据及解析。**《民事诉讼法》第248条规定：对依法设立的仲裁机构的裁决，一方当事人不履行的，对方当事人可以向有管辖权的人民法院申请执行。受申请的人民法院应当执行。被申请人提出证据证明仲裁裁决有下列情形之一的，经人民法院组成合议庭审查核实，裁定不予执行：①当事人在合同中没有订有仲裁条款或者事后没有达成书面仲裁协议的；②裁决的事项不属于仲裁协议的范围或者仲裁机构无权仲裁的；③仲裁庭的组成或者仲裁的程序违反法定程序的；④裁决所根据的证据是伪造的；⑤对方当事人向仲裁机构隐瞒了足以影响公正裁决的证据的；⑥仲裁员在仲裁该案时有贪污受贿、徇私舞弊、枉法裁决行为的。人民法院认定执行该裁决违背社会公共利益的，裁定不予执行。裁定书应当送达双方当事人和仲裁机构。仲裁裁决被人民法院裁定不予执行的，当事人既可以根据双方达成的书面仲裁协议重新申请仲裁，又可以向人民法院起诉。

　　《最高人民法院关于适用〈中华人民共和国民事诉讼法〉的解释》（2022 修正）第 475 条规定：仲裁机构裁决的事项，部分有《民事诉讼法》第 244 条第二款、第三款规定情形的，人民法院应当裁定对该部分不予执行。应当不予执行部分与其他部分不可分的，人民法院应当裁定不予执行仲裁裁决。该解释第 476 条规定：依照《民事诉讼法》第 244 条第二款、第三款规定，人民法院裁定不予执行仲裁裁决后，当事人对该裁定提出执行异议或者复议的，人民法院不予受理。当事人可以就该民事纠纷重新达成书面仲裁协议申请仲裁，也可以向人民法院起诉。

图书在版编目（CIP）数据

《经济法》（第九版）学习指导书 / 赵威主编；曹
丽萍，董昭瑜，赵冰副主编. --北京：中国人民大学出
版社，2025.5
高等学校经济管理类核心课程教材
ISBN 978-7-300-32709-9

Ⅰ.①经⋯ Ⅱ.①赵⋯ ②曹⋯ ③董⋯ ④赵⋯
Ⅲ.①经济法-中国-高等学校-教学参考资料
Ⅳ.①D922.29

中国国家版本馆 CIP 数据核字（2024）第 067126 号

高等学校经济管理类核心课程教材
**《经济法》（第九版）学习指导书**
主　编　赵　威
副主编　曹丽萍　董昭瑜　赵　冰
《Jingjifa》（Di-jiu Ban）Xuexi Zhidaoshu

| | | |
|---|---|---|
| 出版发行 | 中国人民大学出版社 | |
| 社　　址 | 北京中关村大街 31 号 | 邮政编码　100080 |
| 电　　话 | 010－62511242（总编室） | 010－62511770（质管部） |
| | 010－82501766（邮购部） | 010－62514148（门市部） |
| | 010－62511173（发行公司） | 010－62515275（盗版举报） |
| 网　　址 | http://www.crup.com.cn | |
| 经　　销 | 新华书店 | |
| 印　　刷 | 北京溢漾印刷有限公司 | |
| 开　　本 | 787 mm×1092 mm　1/16 | 版　次　2025 年 5 月第 1 版 |
| 印　　张 | 11.75 插页 1 | 印　次　2025 年 5 月第 1 次印刷 |
| 字　　数 | 270 000 | 定　价　38.00 元 |

# 教学支持说明

### 1. 教辅资源获取方式

为秉承中国人民大学出版社对教材类产品一贯的教学支持，我们将向采纳本书作为教材的教师免费提供丰富的教辅资源。您可直接到中国人民大学出版社官网的教师服务中心注册下载——http://www.crup.com.cn/Teacher。

如遇到注册、搜索等技术问题，可咨询网页右下角在线 QQ 客服，周一到周五工作时间有专人负责处理。

注册成为我社教师会员后，您可长期根据您所属的课程类别申请纸质样书、电子样书和教辅资源，自行完成免费下载。您也可登录我社官网的"教师服务中心"，我们经常举办赠送纸质样书、赠送电子样书、线上直播、资源下载、全国各专业培训及会议信息共享等网上教材进校园活动，期待您的积极参与！

### 2. 高校教师可加入下述学科教师 QQ 交流群，获取更多教学服务

经济类教师交流群：809471792

财政金融教师交流群：766895628

国际贸易教师交流群：162921240

税收教师交流群：119667851

### 3. 购书联系方式

网上书店咨询电话：010 - 82501766

邮购咨询电话：010 - 62515351

团购咨询电话：010 - 62513136

**中国人民大学出版社经济分社**

地址：北京市海淀区中关村大街甲 59 号文化大厦 1506 室　　100872

电话：010 - 62515803　010 - 62516948

传真：010 - 62514775

E-mail：jjfs@crup.com.cn